PONS

W0272584

SPANISCH FÜR ZWISCHENDURCH

von
Dr. María Jesús Pérez Bazán
Marta Walter Perera

PONS GmbH
Stuttgart

PONS

Spanisch für Zwischendurch

Sprachtraining für Anfänger
Üben, wiederholen, fit bleiben

von
Dr. María Jesús Pérez Bazán
Marta Walter Perera

3. Auflage 2018

Redaktion: Dr. Marianne Häuptle-Barceló
Logoentwurf: Erwin Poell, Heidelberg
Logoüberarbeitung: Sabine Redlin, Ludwigsburg
Einbandgestaltung: Anne Helbich, Stuttgart
Layout: Petra Michel, Gestaltung & Typografie, Bamberg
Satz: Tebitron, Gerlingen
Druck und Bindung: Multiprint GmbH

ISBN: 978-3-12-562826-7

Zu diesem Buch

Sie wollen Ihre Spanischkenntnisse auffrischen, ein bisschen trainieren oder vorhandenes Wissen festigen?

Dann ist das PONS *Spanisch für zwischendurch* genau das Richtige für Sie! Jede Übung in diesem Buch ist eine **optimale, überschaubare Lernportion** und in **10 Minuten** machbar - ideal für zwischendurch oder wenn Ihre Zeit mal etwas knapper ist.

Wiederholen und üben Sie also in mehr als **70 abwechslungsreichen Übungen** die wichtigsten Themen der spanischen Sprache.

Je nach Schwierigkeitsniveau wird jede Übung mit einem bzw. zwei Sternchen gekennzeichnet: Mit einem Sternchen wird auf ein einfacheres, mit zwei auf ein anspruchsvolleres Niveau hingewiesen.

Außerdem sind alle Übungen einem von vier Bereichen zugeordnet, die Sie an ihrem Symbol erkennen können:

- § Grammatik
- ABC Wortschatz
- Kommunikation
- Land und Leute

Die Übungen sind nach dem **„verdeckten Doppelseitenprinzip"** erstellt, d. h. die Übungen stehen immer auf einer rechten Seite.
Wenn Sie einmal umblättern, finden Sie gleich auf der Rückseite die **Lösungen** und **zusätzliche Informationen** zum Thema, wie z. B. Wortschatz, Warnhinweise, Aussprachehilfen und Tipps.

Viel Erfolg beim Spanischlernen wünscht Ihnen

Ihr PONS Redaktionsteam

Inhalt

10 Minuten Training

Inhalt

10 Minuten Training

1 Saludos y despedidas

Finden Sie in der Wortschlange spanische Begrüßungs- und Abschiedsformen und ordnen Sie sie anschließend den Bildern zu (bei manchen Bildern gibt es mehr als eine Möglichkeit).*

Hobuenosdíasptebuenastardeshoholahasbuenasnocheshuhastamañanaveadiósluhastaprontotenosvemoshahastaluegopr

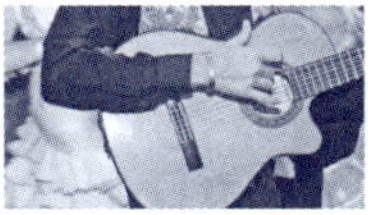

1. ____________

2. ____________

3. ____________

4. ____________

5. ____________

6. ____________

7. ____________

8. ____________

9. ____________

1 Sich begrüßen und sich verabschieden

Spanische **Begrüßungsformen** sind:

¡Hola! - *Hallo!*
¡Buenos días! - *Guten Morgen!*
¡Buenas tardes! - *Guten Abend!*
¡Buenas noches! - *Gute Nacht!*

Zum **Abschied** können Sie sagen:

¡Nos vemos! - *Wir sehen uns!*
¡Hasta luego! - *Bis später!*
¡Hasta pronto! - *Bis bald!*
¡Hasta mañana! - *Bis morgen!*
¡Adiós! - *Auf Wiedersehen!/Tschüss!*

Hola benutzt man den ganzen Tag um jemanden zu begrüßen. Die anderen Begrüßungen sind von der Uhrzeit abhängig. **Buenos días** vor dem Mittagessen (ca. 14 Uhr in Spanien), **buenas tardes** bis 20-21 Uhr und **buenas noches** danach.
Buenas noches kann man als Begrüßung oder Verabschiedung verwenden.

LÖSUNGEN:

1. Buenos días/buenas tardes/hola, **2.** Hola/adiós/hasta luego, **3.** Buenas tardes/buenos días. **4.** Hasta mañana/adiós/hasta pronto/hasta luego. **5.** Adiós/buenas noches/hasta mañana, **6.** Hola/buenas tardes, **7.** Hola/buenos días/buenas tardes, **8.** Adiós/nos vemos/hasta pronto/hasta luego, **9.** Buenos días.

2 Hola, ¿qué tal?

a Markieren Sie die richtige Antwort.*

1. Hola Ana, ¿qué tal?
- ☐ **A** No, de Madrid.
- ☐ **B** Buenos días.
- ☒ **C** Muy bien, gracias.

2. ¿Cómo se llama usted?
- ☒ **A** José Alonso.
- ☐ **B** No, me llamo Luisa.
- ☒ **C** Somos Manuel Jiménez y María González.

3. ¿Es usted Javier Pérez?
- ☐ **A** Sí, de Barcelona.
- ☐ **B** Soy la señora García.
- ☒ **C** No, me llamo Jorge.

4. ¿Eres colombiana?
- ☐ **A** Sí, soy de Berlín.
- ☒ **B** Sí, soy de Bogotá.
- ☐ **C** No, no soy Petra.

b Was passt zusammen? Verbinden Sie.*

1. Hola, ¿cómo te llamas?
2. ¿Cómo estás?
3. ¿De dónde es usted?
4. ¿Eres alemán?
5. ¿Eres Andrés?
6. ¿Es usted el señor García?

3 **A** Soy de Hamburgo. ✓
5 **B** No, soy Marcos. ✓
4 **C** No, soy español. ✓
2 **D** Bien, gracias. ✓
1 **E** Soy Anne. ✓
6 **F** No, me llamo Pérez. ✓

2 Sich vorstellen

Auf die Frage **¿Qué tal?** *(Wie geht es?)* bzw. **¿Cómo estás/está?** (Wie geht es dir/Ihnen?) kann man folgende Antworten geben:

Muy bien.	*Sehr gut.*	Regular.	*So lala.*
Bien.	*Gut.*	(Muy) mal.	*(Sehr) Schlecht.*

Den Namen des Gesprächspartners erfragt man mit **¿Cómo te llamas (tú)/se llama usted?** *(Wie heißt du/heißen Sie?)* bzw. **¿Eres (tú)/Es usted ...?** *(Bist du/sind Sie ...?)*

Mögliche Antworten darauf sind z. B.: **Me llamo ...** *(Ich heiße ...)* oder **Soy ...** *(Ich bin ...)*.

Wenn man wissen möchte, woher jemand kommt, fragt man z. B. **¿De dónde eres/es usted?** *(Woher kommst du/ kommen Sie?)*.

Im Spanien verwendet man mehr **tú** als **usted,** außer in manchen Regionen wie z. B. auf den kanarischen Inseln sowie in Lateinamerika. Normalerweise werden die Pronomen nicht benutzt. Wer spricht, wird in diesem Fall durch Änderungen des Verbes signalisiert.

LÖSUNGEN:

a) **1.** c, **2.** a, **3.** c, **4.** b, b) **1.** e, **2.** b, **3.** a, **4.** c, **5.** b, **6.** f.

3 ¿Habla usted español?

a Im Wortgitter sind fünf Verben im Infinitiv versteckt:*

B	V	F	A	S	R	B	J
E	I	E	G	C	E	A	R
W	V	J	U	O	A	I	I
T	I	I	X	M	C	L	O
I	R	E	B	E	B	A	T
C	O	M	P	R	A	R	Z
O	Z	D	H	N	A	T	O

Bailar
vivir
Comer
Beber
Comprar

b Schreiben Sie die richtige Form des Verbs in die Lücken:*

1. Juan (hablar - *sprechen*) habla muy bien alemán.
2. La chica (estudiar - *studieren*) estudia en la Universidad.
3. Yo (comer - *essen*) como fruta.
4. Nosotras (comprar - *kaufen*) compramos en el supermercado.
5. Usted (trabajar - *arbeiten*) trabaja en la oficina.
6. Ella (vivir - *leben*) vive en el centro de Madrid.

3 Präsens regelmäßiger Verben

Das Präsens **(presente)** der regelmäßigen Verben wird gebildet, indem folgende Endungen an den Stamm angehängt werden:

	trabaj -ar *arbeiten*	**com -er** *essen*	**viv -ir** *leben, wohnen*
yo	-o	-o	-o
tú	-as	-es	-es
el/ella/ud.	-a	-e	-e
nosotros/as	-amos	-emos	-imos
vosotros/as	-áis	-éis	-ís
ellos/ellas/uds.	-an	-en	-en

Jede Person hat ihre eigene Endung, an der sie automatisch erkannt wird. Daher muss man im Spanischen das Pronomen (ich, du usw.) nicht immer verwenden:

Hablo español. *Ich spreche Spanisch.*

Dagegen wird die höfliche Anrede **usted (ud.)** und **ustedes (uds.)** fast immer verwendet:

¿Habla usted español? *Sprechen Sie Spanisch?*

No steht immer vor dem Verb und bedeutet sowohl *nein* als auch *nicht.*

No hablo español. *Ich spreche kein Spanisch.*

LÖSUNGEN:

a) 7/a bailar, 5/b comer, 6/e beber, 1/f comprar, 2/a vivir; b) **1.** habla, **2.** estudia, **3.** como, **4.** compramos, **5.** trabaja, **6.** vive.

4 Profesiones

a Ordnen Sie die Berufe den Bildern zu.*

futbolista - cartero - cocinero - escritor - cantante - sastre

1. cocinero

2. cantante

3. escritor

4. sastre

5. futbolista

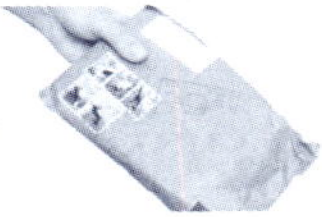

6. cartero

b Wo arbeiten Sie? Verbinden Sie den Beruf mit dem Arbeitsort.*

1. actriz
2. cartero
3. camarero
4. futbolista
5. médica
6. mecánico

4 **A** en el campo de fútbol.
5 **B** en el hospital.
6 **C** en el taller.
2 **D** en la calle.
1 **E** en el teatro.
3 **F** en el restaurante.

4 Berufe in Spanien

Spanien ist die viertstärkste Wirtschaftsmacht in der EU. Die Hauptwirtschaftszweige sind Tourismus, Kommunikation, Informatik, Metallindustrie und Landwirtschaft.

Der bestbezahlte Beruf ist **piloto** *(Pilot)* und der schlechteste **dependiente** *(Verkäufer)*. Ein qualifizierter **obrero** *(Handwerker)* kann besser als ein **abogado** *(Rechtsanwalt)* oder ein **ingeniero** *(Ingenieur)* verdienen. Ein **camionero** *(Lastkraftfahrer)* verdient so viel wie ein **profesor** *(Lehrer)* oder ein **empleado de banco** *(Bankangestellter)*.

Hier einige weitere Berufe:

arquitecto/a	*Architekt/in*	bombero/a	*Feuerwehrmann/-frau*
contable	*Buchhalter/in*	cartero/a	*Briefträger/in*
camarero/a	*Kellner/in*	médico/a	*Arzt/Ärztin*
periodista	*Journalist/in*	mecánico/a	*Mechaniker/in*

Die weibliche Form bei Berufsbezeichnungen wird entweder aus der männlichen abgeleitet: **el/la cocinero/a** *(Koch/Köchin)*, oder bleibt gleich: **el/la futbolista** *(Fußballspieler/in)*. Besondere Endungen, wie z. B: bei **el actor/la actriz** *(Schauspieler/in)* und andere Bezeichnungen wie bei el **sastre/la modista** *(Schneider/in)* sind Ausnahmen.

LÖSUNGEN:

a) **1.** cocinero, **2.** cantante, **3.** escritor, **4.** sastre, **5.** futbolista, **6.** cartero;
b) **1.** e, **2.** d, **3.** f, **4.** a, 5. b, 6. c

5 ¿Cuál es tu número de teléfono y tu email?

Bringen Sie die Satzteile in die richtige Reihenfolge und schreiben Sie die Telefonnummern und E-Mail-Adressen als Wörter.*

1. ¿Tu teléfono cuál número de es?
   Cuál es tu númeo de teléfono
2. (987) 54 32 10
   nueve ocho siete cinco quatro tres dos uno cero
3. ¿Número tienes teléfono qué de?
   Que Númeos de Teléfono tienes
4. (675) 21 43 56

5. ¿Y email cuál tu es?

6. mi_email@mi-dominio.eu

5 Telefonnummern und E-Mails

Nach **Telefonnummern** kann man wie folgt fragen:

¿Cuál es su/tu número de teléfono?	*Wie ist Ihre/deine Telefonnumer?*
¿Qué número de teléfono tiene/s?	*Wie lautet Ihre/deine Telefonnumer?*

Man antwortet: **el** + Nummer, z. B. **el 618 08 10 18**.

ABC

Ein Mobiltelefon nennt man (**teléfono**) **móvil** in Spanien und **celular** in Lateinamerika.

Nach der E-Mail-Adresse (**la dirección de correo electrónico** oder **el email** – wie im Englischen ausgesprochen) kann man wie folgt fragen:

¿Cuál es su/tu dirección de correo electrónico/tu email?

E-Mail-Adressen beinhalten folgende Elemente:

@ arroba   - guion   . punto   _ guion bajo

LÖSUNGEN:

1. ¿Cuál es tu número de teléfono?, **2.** nueve ocho siete cinco cuatro tres dos uno cero, **3.** ¿Qué número de teléfono tienes?, **4.** seis siete cinco dos uno cuatro tres cinco seis, **5.** ¿Cuál es tu email?, **6.** Mi guion bajo email arroba mi guion dominio punto e u.

6 Mi familia

Wer ist wer in meiner Familie? Ergänzen Sie die passenden Verwandtschaftsbezeichnungen.*

1. La hermana de mi madre es mi ______________________.
2. El hijo de mi abuelo es mi __________ / ______________________.
3. La hija de mi hermano es mi ______________________.
4. Los padres de mis padres son mis ______________________.
5. El marido de mi hermana es mi ______________________.
6. La hija de mi hijo es mi ______________________.
7. La hija de mi tío es mi ______________________.
8. Los hijos de mis padres son mis ______________________.
9. El padre de mis nietos es mi ______________________.

6 Verwandtschaftsbezeichnungen

Einige Mitglieder der Familie (**miembros de la familia**) sind:

el padre	*der Vater*	la madre	*die Mutter*
el hijo	*der Sohn*	la hija	*die Tochter*
el hermano	*der Bruder*	la hermana	*die Schwester*
el abuelo	*der Großvater*	la abuela	*die Großmutter*
el nieto	*der Enkel*	la nieta	*die Enkelin*
el tío	*der Onkel*	la tía	*die Tante*
el sobrino	*der Neffe*	la sobrina	*die Nichte*
el primo	*der Cousin*	la prima	*die Cousine*
el cuñado	*der Schwager*	la cuñada	*die Schwägerin*

Manche männlichen Verwandtschaftsbezeichnungen werden für die gemeinsame Pluralform verwendet:

los hijos	*die Kinder*
los hermanos	*die Geschwister*
los padres	*die Eltern*

Ein **matrimonio** *(Ehepaar)* sind **el marido** und **la mujer** in Spanien aber **el esposo** und **la esposa** in Lateinamerika. **Los parientes** sind die Verwandten.

LÖSUNGEN:

1. tía, **2.** padre/tío, **3.** sobrina, **4.** abuelos, **5.** cuñado, **6.** nieta, **7.** prima, **8.** hermanos, **9.** hijo.

7 El árbol genealógico de Carmen

Füllen Sie die Lücken im Stammbaum.*

Carmen García González

1. Juan ______________ Ruiz
2. Eva ______________ ______________

3. Antonio ______________ Fernández
4. Pilar ______________ Zapatero
5. Francisco ______________ Mata

Emilia Moreno Sánchez

7 Familiennamen

Die Spanier haben zwei **apellidos** *(Familiennamen* bzw. *Nachnamen).* **El primer apellido** *(erster Familienname)* kommt vom ersten Nachnamen des Vaters und **el segundo apellido** *(zweiter Familienname)* kommt vom ersten Nachnamen der Mutter, z. B.: **Carmen García González** ist die Tochter von **Juan García Ruiz** und **Eva González Moreno.**

Heutzutage kann man in Spanien die Stellung der beiden Nachnamen amtlich ändern lassen und dies wird auch auf die Kinder übertragen, z. B.: **Eva Moreno González** und **Carmen García Moreno.**

Beim Heiraten werden die Nachnamen der Ehepartner in Spanien nicht geändert. In Lateinamerika wird in der Regel der zweite Nachname der Frau durch den ersten Nachnamen des Ehemannes mit der Präposition **de** (Zugehörigkeit) ersetzt, z. B.: **María González de García.** Dieser Gebrauch wird in Spanien seit Jahrzehnten nicht mehr praktiziert.

Die häufigsten spanischen Nachnamen (nach **García**) enden auf **–ez,** wie: **Fernández, González, Rodríguez, López, Pérez, Martínez, Gómez.**
Sie finden ihren Ursprung in den Namen eines männlichen Vorfahren, z. B.: **Fernández** war der Sohn oder die Tochter von Fernando.

LÖSUNGEN:

1. García, **2.** González Moreno, **3.** García, **4.** Ruiz, **5.** González.

8 Ser y tener

a Verbinden Sie die Personalpronomen. (Manche Pronomen können mehrmals verwendet werden).*

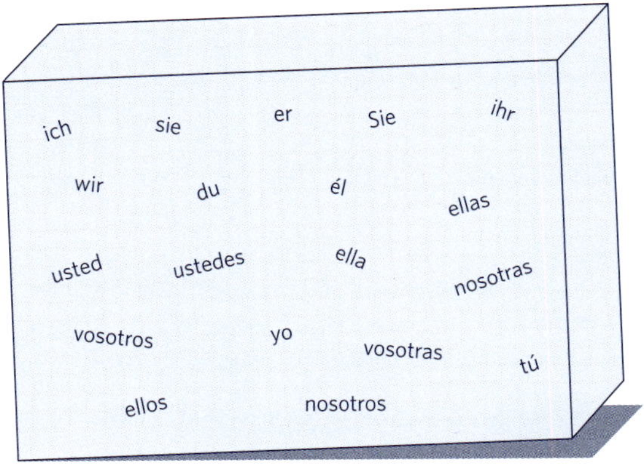

b Wählen Sie die richtige Verbform von **ser** oder **tener**:*

1. Yo ________________ la amiga de Diego.

2. Los chicos ________________ de Córdoba.

3. Tú ________________ los ojos azules.

4. Ustedes ________________ una casa bonita.

5. Nosotros ________________ una casa grande.

6. ¿Vosotros ________________ pilotos?

– No, nosotros ________________ ingenieros.

8 Die Verben ser und tener

	ser	**tener**
	sein	*haben*
yo	soy	tengo
tú	eres	tienes
él, ella, usted	es	tiene
nosotros/as	somos	tenemos
vosotros/as	sois	tenéis
ellos, ellas, ustedes	son	tienen

Ser benennt in der Regel dauerhafte, wesentliche Eigenschaften von Personen und Sachen wie Geschlecht, Größe, Farbe, Qualität, Beruf, Religion, Herkunft, Nationalitäts- und Verwandtschaftsbezeichnung.

Um eine Person zu beschreiben, verwendet man hauptsächlich **ser** und **tener:**

Soy médico.	*Ich bin Arzt.*
Tengo 35 años.	*Ich bin 35 Jahre alt.*

!

Tener hat eine unregelmäßige Form in der 1. Person Singular und gehört zu den Verben mit Stammvokalwechsel **e > ie.**

LÖSUNGEN:

a) yo (ich), tú (du), él (er), ella (sie), usted (Sie), nosotros/as (wir), vosotros/as (ihr), ellos/as ustedes (sie/Sie); b) **1.** soy, **2.** son, **3.** tienes, **4.** tienen, **5.** tenemos, **6.** sois, somos.

9 ¿Cómo son? ¿Qué llevan?

a Wie sehen sie aus? Verbinden Sie die Angaben mit den Bildern.*

1. ______ **2.** ______ **3.** ______ **4.** ______

A es rubia **B** es morena **C** es pelirroja
D tiene el pelo largo **E** tiene el pelo corto **F** tiene el pelo rizado
G tiene el pelo liso **H** lleva una camiseta de rayas

b Wie sieht Manuel aus? Beschreiben Sie das Bild, indem Sie die Angaben verbinden, die zusammen gehören.*

moreno - el pelo negro - gafas de sol - una camisa azul - un traje negro - la cara redonda - barba - delgado - la camisa abierta

Es ... ______

Tiene ... ______

Lleva ... ______

9 Personenbeschreibung

Um **eine Person zu beschreiben,** sagt man:

Es alto/a, bajo/a, delgado/a, gordo/a.	*Er/Sie ist groß, klein, schlank, dick.*
Tiene la cara redonda, larga.	*Er/Sie hat ein rundes, langes Gesicht.*
Tiene/lleva barba, bigote.	*Er trägt einen Bart, Schnurrbart.*

So beschreibt man die *Frisur* (**el peinado**):

Es rubio/a, moreno/a, pelirrojo/a.	*Er/Sie ist blond, dunkelhaarig, rothaarig.*
Tiene el pelo largo, corto, liso, rizoso.	*Er/Sie hat lange, kurze, glatte, lockige Haare.*

Und so die *Augenfarbe* (**el color de ojos**):

Tiene los ojos azules, verdes, castaños, negros.	*Er/Sie hat blaue, grüne, braune, schwarze Augen.*

Was eine Person **trägt,** wird wie folgt beschrieben:

Lleva una camiseta de rayas, un traje negro, la camisa abierta, gafas de sol.	*Er/Sie trägt ein gestreiftes T-Shirt, einen schwarzen Anzug, das Hemd offen, Sonnenbrille.*

LÖSUNGEN:

a) **1.** c, d, f, h, **2.** b, e, g, h, **3.** b, d, f, **4.** b, d, g; b) es moreno / delgado, tiene el pelo negro / la cara redonda, tiene/lleva barba, lleva gafas de sol / una camisa azul / la camisa abierta / un traje negro.

10 ¿Cómo es?

a Unterstreichen Sie die Adjektive in folgendem Text:*

Barcelona es una ciudad muy antigua y a la vez moderna. Es universitaria, internacional y multicultural. En Barcelona hay *(es gibt)* monumentos muy famosos de interés arquitectónico mundial. Barcelona es una ciudad bonita, atractiva y muy popular.

b Verbinden Sie die Sätze mit dem passenden Adjektiv:*

1. La casa	___ difícil.
2. El libro	___ modernos.
3. El idioma	___ interesante.
4. Los autobuses	___ blanca.
5. Los tomates	___ nerviosa.
6. La amiga	___ rojos.
7. El chico	___ latino.

10 Übereinstimmung Substantiv/Adjektiv

Das **Adjektiv** richtet sich in Geschlecht und Zahl nach dem Substantiv.

Adjektive mit der Endung **-e** und **-l** haben für das Männliche und Weibliche nur eine Form.

Das Adjektiv steht meistens hinter dem Substantiv, bei Nationalitätsadjektiven immer.

la camisa negra	*das schwarze Hemd*
el chico alemán	*der deutsche Junge*

Die **Substantive**, die auf Vokal enden, bilden die Mehrzahl durch Anhängen von **-s.**

Bei Wörtern, die auf **-z** enden, wird im Plural das **-z** in **-c** verwandelt.

el pez	*der Fisch*	**los peces**	*die Fische*

Lernen Sie die Substantive immer zusammen mit dem Artikel, so können Sie sich leichter merken, ob das Wort männlich oder weiblich ist.

LÖSUNGEN:

a) antigua, moderna, universitaria, internacional, multicultural, famosos, arquitectónico, mundial, bonita, atractiva, popular; b) **1.** blanca, **2.** interesante, **3.** difícil, **4.** modernos, **5.** rojos, **6.** nerviosa, **7.** latino

11 ¿Qué haces por las mañanas?

a Ordnen Sie Pablos Tagesablauf den Bildern zu.*

1. ________ **2.** ________ **3.** ________ **4.** ________

A Toma una cerveza con sus amigos. **B** Desayuna.

C Se levanta temprano. **D** Trabaja todo el día.

b Ordnen Sie den Dialog.*

1. A las siete de la tarde.
2. ¿Qué haces por las mañanas?
3. ¿Y a qué hora sales del trabajo?
4. Entre las dos y las tres.
5. ¿Cuándo almuerzas?
6. Me levanto, me ducho y desayuno.

____

11 Tagesablauf

Nach dem *Tagesablauf* (**el transcurso del día**) kann man sich wie folgt erkundigen:

¿A qué hora te levantas/ desayunas/te vas a trabajar?	*Um wieviel Uhr stehst du auf/ frühstückst du/gehst du zur Arbeit?*
¿Cuándo regresas del trabajo/ de la escuela?	*Wann kommst du von der Arbeit/ der Schule zurück?*
¿Qué haces por la mañana/ por la tarde/por la noche?	*Was machst du morgens/ nachmittags/abends?*

!

Mit folgenden Zeitangaben verwendet man **por:**

por la mañana	*morgens/am Morgen*
por la tarde	*nachmittags/am Nachmittag*
por la noche	*abends/am Abend*

Hingegen benutzt man **al/a** bei:

al mediodía	*mittags/am Mittag*
a medianoche	*um Mitternacht*

LÖSUNGEN:

a) **1.** c, **2.** b, **3.** d, **4.** a; b). 2, 6, 5, 4, 3, 1

12 ¿Qué hora es?

a Schreiben Sie die Uhrzeit in Worten.*

Es la/Son las ...

1. 12:45 – *Es la una menos cuarto.*
2. 7:55 – ______________________.
3. 14:45 – ______________________.
4. 15:40 – ______________________.
5. 8:45 – ______________________.
6. 1:10 – ______________________.
7. 11:25 – ______________________.

b Übersetzen Sie folgende Sätze.*

1. Wieviel Uhr ist es? – ______________________
2. Es ist viertel vor zehn. – ______________________
3. Um wieviel Uhr? – ______________________
4. Es ist fünfundzwanzig nach eins. – ______________________
5. Es ist halb eins. – ______________________

12 Zeit und Uhrzeit

Die Zeitangaben werden durch die Grundzahlen von 1 bis 12 wiedergegeben:

Es la una. Son las dos.	*Es ist 1 Uhr. Es ist 2 Uhr.*

Die Minuten werden mit **y** von 1 bis 30 dazu gerechnet. Danach werden die Minuten von der folgenden Stunde mit **menos** abgezogen.

¿Qué hora es?	*Wie viel Uhr ist es?*
Son las diez **menos** cuarto	*Es ist Viertel vor zehn.*
Son las diez **y** media	*Es ist halb elf.*
Son las diez **de** la mañana	*Es ist zehn Uhr morgens.*

Mit der Präposition **de** drückt man die genaue Zeit, **de** la mañana, **de** la tarde, **de** la noche (morgens, abends, nachts) aus. Nach einem Zeitpunkt fragt man mit: ¿**a** qué hora? *(um wieviel Uhr?)*.

Bei offiziellen Zeitangaben werden die Zahlen von 0 bis 24 verwendet. In Lateinamerika wird wie im Englischen pm und am verwendet.

LÖSUNGEN:

a) **2.** Son las ocho menos cinco. **3.** Son las tres menos cuarto. **4.** Son las cuatro menos veinte. **5.** Son las nueve menos cuarto. **6.** Es la una y diez. **7.** Son las once y veinticinco. b) **1.** ¿Qué hora es?, **2.** Son las diez menos cuarto. **3.** ¿A qué hora? **4.** Es la una y veinticinco. **5.** Son las doce y media.

13 Jens está en España

Jens ist in Spanien und schreibt einer Freundin eine Postkarte. Vervollständigen Sie den Text.*

terrazas - ruido - almuerzo - bocadillo - cena - bares - café - copa

Querida Greta:

España es diferente. Aquí el **1.** __________ es solo un **2.** __________, pero a las 11 tomamos siempre un **3.** __________ El **4.** __________ es muy tarde, a las 2, y la **5.** __________ más tarde todavía, a las 10.

Los españoles no se acuestan temprano. Por la noche van a los **6.** __________ y las **7.** __________ a tomar una **8.** __________ .

Siempre hay **9.** __________
pero es todo muy alegre.
¿Vienes a visitarme?
Un saludo,
Jens

13 Alltag in Spanien

Das *Frühstück* (**el desayuno**) besteht aus einem Milchkaffee mit etwas Süßem. Zwischen 11 und 12 Uhr wird ein zweites Frühstück genommen, z. B. ein *belegtes Brötchen* (**bocadillo**).

Die größte Mahlzeit des Tages, mit drei Gängen, ist das *Mittagessen* (**el almuerzo**), zwischen 14 und 15 Uhr.

Nachmittags essen Kinder **la merienda** mit Brot, Joghurt oder Obst.

Das *Abendessen* (**la cena**), zwischen 21 und 22:30 Uhr, ist oft eine leichte warme Mahlzeit.

Die Mittagsruhe findet bis etwa 17 Uhr statt. Die Gewohnheit, sich mittags hinzulegen **(dormir la siesta),** praktiziert man vor allem in heißen Regionen. Moderne Arbeitszeiten lassen dies immer seltener zu.

Die *Bars* (**bares**) und Cafés sind ein sozialer Treffpunkt, auch für Familien. Im Sommer geht man ins Freie (**terrazas**). Kinder werden oft in Esslokalen gesehen, sogar bis in die Nacht.

Lärm (**ruido**) ist üblich in Spanien. Es wird in den Cafés laut und durcheinander geredet. In Bars oder zu Hause läuft oft ständig ein Fernseher.

LÖSUNGEN:

1. desayuno, **2.** café, **3.** bocadillo, **4.** almuerzo, **5.** cena, **6.** bares, **7.** terrazas, **8.** copa, **9.** ruido.

14 Los números cardinales

a Welche Zahlwörter wurden in der Tabelle unten nicht ausgeschrieben? Kreuzen Sie sie an und schreiben Sie sie aus.*

☐ 19	☐ 25	☐ 33
☐ 46	☐ 55	☐ 64
☐ 78	☐ 88	☐ 97

noventa y siete - diecinueve - cuarenta y seis - ochenta y ocho - sesenta y cuatro - treinta y tres

____

____

b Schreiben Sie die angegebenen Zahlen in Worten aus.*

1. 70: setenta
2. 50: ____________
3. 12: ____________
4. 31: ____________
5. 86: ____________
6. 48: ____________
7. 64: ____________
8. 15: ____________
9. 58: ____________
10. 93: ____________

14 Die Grundzahlen bis 100

Die Zahlwörter sind Maskulin:

el 5 (cinco) *die Fünf* **el** 0 (cero) *die Null*

Die Zahl **uno** (eins) richtet sich immer nach dem folgenden Substantiv. Vor einem männlichen Substantiv steht **un** und vor einem weiblichen **una:**

veinti**ún** días *21 Tage* veinti**una** noches *21 Nächte*

11 - once	21 - veintiuno	31 - treinta y uno
12 - doce	22 - veintidós	41 - cuarenta y uno
13 - trece	23 - veintitrés	40 - cuarenta
14 - catorce	24 - veinticuatro	50 - cincuenta
15 - quince	25 - veinticinco	60 - sesenta
16 - dieciséis	26 - veintiséis	70 - setenta
17 - diecisiete	27 - veintisiete	80 - ochenta
18 - dieciocho	28 - veintiocho	90 - noventa
19 - diecinueve	29 - veintinueve	100 - cien
20 - veinte	30 - treinta	

Die Zahlen von **16 bis 29** werden zusammengeschrieben.
Ab 30 werden die Zehner und Einer mit **y** *(und)* verbunden.

LÖSUNGEN:

a) 78 setenta y ocho, 25 veinticinco, 55 cincuenta y cinco; b) **2.** cincuenta, **3.** doce, **4.** treinta y uno, **5.** ochenta y seis, **6.** cuarenta y ocho, **7.** sesenta y cuatro, **8.** quince, **9.** cincuenta y ocho, **10.** noventa y tres

15 Verbos reflexivos

a Was machen diese Personen?*

A reírse, **B** casarse, **C** tumbarse al sol, **D** mirarse en el espejo,
E despertarse, **F** rascarse la cabeza

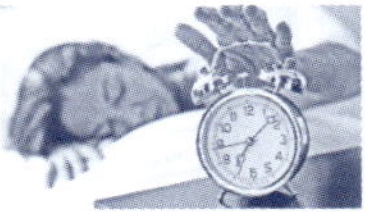

1. ______ **2.** ______ **3.** ______

4. ______ **5.** ______ **6.** ______

b Setzen Sie die fehlenden Personalpronomen ein.*

1. Ustedes ______ levantan. **4.** Él ______ queda en casa.

2. Tú ______ concentras. **5.** Nosotros ______ acostamos.

3. Vosotros ______ mudáis. **6.** Ellos ______ despiertan.

15 Reflexive Verben

Die reflexiven Verben drücken die Tätigkeit aus, die sich auf die handelnde Person selbst bezieht. Reflexivverben werden durch **-se** am Infinitiv angehängt.

		lavarse	acostarse
		sich waschen	*sich hinlegen*
yo	**me**	lavo	acuesto
tú	**te**	lavas	acuestas
él,ella,ud.	**se**	lava	acuesta
nosotros/as	**nos**	lavamos	acostamos
vosotros/as	**os**	laváis	acostáis
ellos/as/uds.	**se**	lavan	acuestan

Einige Verben haben eine reflexive und eine nicht reflexive Form mit unterschiedlicher Bedeutung wie z. B.: **casarse** *(heiraten)*, und **casar** *(verheiraten, trauen)*.

Nicht alle Verben, die auf Deutsch reflexiv sind, sind auch auf Spanisch reflexiv oder umgekehrt, wie: z.B. **cambiar** *(sich verändern)* und **despertarse** *(wach werden)*.

LÖSUNGEN:

a) **1.** d, **2.** e, **3.** a, **4.** c, **5.** f, **6.** b; b) **1.** se, **2.** te, **3.** os, **4.** se, **5.** nos, **6.** se

16 ¿Qué te apetece hacer hoy?

Was sagen diese Personen? Verbinden Sie die Fragen mit den Bildern.*

1. ______ **2.** ______ **3.** ______

4. ______ **5.** ______ **6.** ______

A ¿Tienes ganas de ir a la discoteca?
B ¿Qué tal si visitamos esta exposición?
C ¿Quieres descansar un rato?
D ¿Te apetece cocinar este plato?
E ¿Qué tal si te presento a mis amigos?
F ¿Vamos a tomar algo esta noche?

16 Vorschläge machen und annehmen

So kann man einen **Voschlag machen:**

¿Quieres ir al cine mañana? — *Willst/möchtest du morgen ins Kino gehen?*

¿Tienes ganas de ir a una fiesta el sábado? — *Hast du Lust am Samstag zu einer Party zu gehen?*

¿Vamos a tomar algo? — *Wollen wir etwas trinken?*

¿Qué tal si vamos de compras esta tarde? — *Wie wäre es, wenn wir heute nachmittag einkaufen gehen?*

Allgemein, ohne einen konkreten Vorschlag zu machen, kann man fragen:

¿Qué te apetece hacer hoy? — *Was möchtest du heute machen?*

So kann man einen **Vorschlag annehmen:**

De acuerdo. — *Einverstanden.*
Me parece bien. — *Ich bin dafür.*
¿Por qué no? — *Warum nicht?*
Sería un placer. — *Es wäre mir ein Vergnügen.*

LÖSUNGEN:

1. d, **2.** f, **3.** c, **4.** b, **5.** a, **6.** e.

17 Los días de la semana

Wie heißen die Wochentage auf Spanisch? Schreiben Sie sie in das Kreuzworträtsel.*

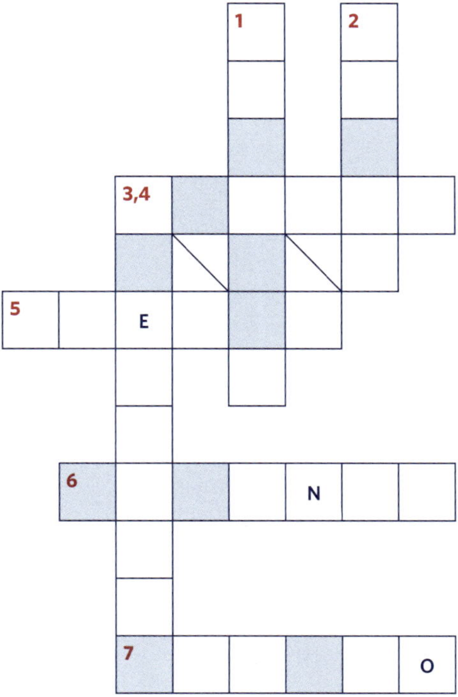

8. Die Buchstaben der grauen Felder ergeben einen Ausdruck.*

F ______________________________.

17 Wochentage

Los días de la semana:

lunes	*Montag*	viernes	*Freitag*
martes	*Dienstag*	sábado	*Samstag*
miércoles	*Mittwoch*	domingo	*Sonntag*
jueves	*Donnerstag*		

el día laborable	*Arbeitstag*
el fin de semana	*Wochenende*

Es lunes/martes/miércoles/fin de semana.
Es ist Montag/Dienstag/Mittwoch/Wochenende.

Vor den Wochentagen verwendet man den Artikel:

El lunes trabajo ocho horas.
Am Montag arbeite ich acht Stunden.

Los miércoles y los fines de semana no trabajo.
Ich arbeite weder mittwochs noch an Wochenenden.

LÖSUNGEN:

1. viernes, **2.** lunes, **3.** miércoles, **4.** martes, **5.** jueves, **6.** domingo, **7.** sábado, **8.** fin de semana

18 ¿Dónde está...? ¿Qué hay...?

Sätzen Sie die passende Verbform von **estar** und **hay.***

1. La Basílica de la Sagrada Familia ________ en Barcelona.
2. En España ________ muchos turistas todo el año.
3. Madrid ________ en el centro del país.
4. ¿Cuántos cines ________ en tu ciudad? - En mi ciudad no ________ cines.
5. Nosotros ________ en Mallorca y vosotros ________ en Ibiza.
6. En España ________ muchas montañas muy altas.
7. Mallorca ________ en el Mediterráneo.
8. Marcos y Luisa ________ muy bien en su casa nueva.
9. Mi amiga Sofía ________ muy cansada (müde).
10. Tú ________ casada con un músico famoso.

18 Estar und hay

Estar bedeutet *sich befinden.* Es drückt die Lage, den Zustand und die Angabe des Ortes (sowohl vorübergehend als auch permanent), einer bestimmten Person oder Sache aus. **Estar** wird immer mit dem bestimmten Artikel verwendet.

yo	**estoy**	nosotros/as	**estamos**
tú	**estás**	vosotros/as	**estáis**
él/ella/usted	**está**	ellos/as/ustedes	**están**

La Basílica de la Sagrada Familia está en Barcelona.
Die Basilika Sagrada Familia befindet sich in Barcelona.

Hay ist eine unpersönliche Verbform und wird nicht konjugiert. Es bedeutet *es gibt, da ist, da sind.* **Hay** drückt das Vorhandensein von Personen oder Sachen aus und wird wie folgt verwendet:

hay + unbestimmter Artikel
hay + Mengenangaben
hay + Zahlen
hay + Substantiv ohne Artikel

En España hay muchos bares.	*In Spanien gibt es viele Kneipen.*
Hay muchos turistas en Mallorca todo el año.	*In Mallorca sind das ganze Jahr über viele Touristen.*

LÖSUNGEN:

1. está, **2.** hay, **3.** está, **4.** hay, hay, **5.** estamos, estáis, **6.** hay, **7.** está, **8.** están, **9.** está, **10.** estás

19 Verbos irregulares (ir, e>ie, e>i, o>ue)

a Verbinden Sie die Pronomen mit den richtigen Personalformen von **ir.***

1. tú	___	vamos
2. ella	___	voy
3. nosotros	___	van
4. ustedes	___	vais
5. vosotros	___	vas
6. yo	___	va

b Konjugieren Sie die folgenden Verben in der angegebenen Person.*

1. pedir (él) ______________________ una paella para dos personas.

2. dormir (yo) ______________________ hasta las ocho.

3. medir (ellos) ______________________ la sala.

4. seguir (nosotros) ______________________ la pista.

5. preferir (usted) ______________________ siempre el avión.

6. volar (ustedes) ______________________ a Málaga mañana.

19 Unregelmäßige Verben (ir, e>ie, e>i, o>ue)

Das Verb **ir** *(sich fortbewegen, gehen, fahren)* wird so konjugiert:

yo	voy
tú	vas
él/ella/usted	va
nosotros/-as	vamos
vosotros/-as	vais
ellos/ellas/ustedes	van

Verben mit Veränderung des Stammvokals werden so konjugiert:

	e>ie cerrar *schließen*	e>i pedir *bestellen*	o>ue poder *können*
yo	c**ie**rro	p**i**do	p**ue**do
tú	c**ie**rras	p**i**des	p**ue**des
él/ella/usted	c**ie**rra	p**i**de	p**ue**de
nosotros/-as	cerramos	pedimos	podemos
vosotros/-as	cerráis	pedís	podéis
ellos/ellas/ustedes	c**ie**rran	p**i**den	p**ue**den

Einige Verben dieser Gruppe sind:

e>ie: preferir *(bevorzugen)*, pensar *(denken, meinen)*.
e>i: seguir *(folgen)*, medir *(messen)*.
o>ue: volar *(fliegen)*, dormir *(schlafen)*.

LÖSUNGEN:

a) **1.** vas, **2.** va, **3.** vamos, **4.** van, **5.** vais, **6.** voy; b) **1.** pide, **2.** duermo, **3.** miden, **4.** seguimos, **5.** prefiere, **6.** vuelan

20 Preguntando se va a Roma

Diese Sätze sind durcheinandergeraten. Bringen Sie sie wieder in Ordnung.*

1. ¿Sabe estación hay metro de por aquí si una?

____

2. Arànega busco Restaurante el ¿cerca está aquí por?

____

3. ¿parada está autobús aeropuerto del la al dónde? favor por

____

4. ¿llego Gótico al cómo Barrio?

____

5. ¿una cerca farmacia de hay aquí?

____

6. ¿centro al Plaza de ir comercial para la de España?

____

20 Nach dem Weg fragen

Wie fragt (**preguntar**) man nach dem Weg? Einige nützliche Fragen und Floskeln sind:

Oiga,...	*Hören Sie, ...*
Oye,...	*Hör mal, ...*
¿Sabe (ud.) si...?	*Wissen Sie, ob ...?*
¿Sabes (tú) dónde...?	*Weißt du, wo ...?*
Perdone.	*Entschuldigen Sie.*
Perdón.	*Entschuldigung.*
¿Dónde está...?	*Wo ist ...?*
¿Dónde hay...?	*Wo gibt es ...?*
Busco...	*Ich suche ...*
¿Cómo se va a...?	*Wie komme ich nach ...?*

Es ist nicht unhöflich, wenn man nur fragt: **¿Para ir a...?** *(Wie komme ich nach/zu ...?)*

LÖSUNGEN:

1. ¿Sabe si hay una estación de metro por aquí? **2.** Busco el Restaurante Arànega, ¿está por aquí cerca? **3.** Por favor, ¿dónde está la parada del autobús al aeropuerto? **4.** ¿Cómo llego al Barrio Gótico? **5.** ¿Hay una farmacia cerca de aquí? **6.** ¿Para ir al centro comercial de la Plaza de España?

21 Para orientarse mejor

a Ordnen Sie die Sätze den Bildern zu.*

1. ______ 2. ______ 3. ______

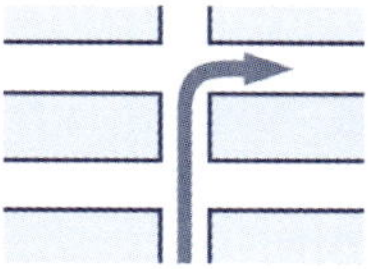

4. ______ 5. ______ 6. ______

A El aparcamiento está a la izquierda. **B** cruzar el puente (Brücke)
C ¿Para comer? Sí, aquí, a la izquierda. **D** Todo recto, hasta el final.
E La segunda calle a la derecha. **F** Él escribe con la mano izquierda.

b Was ist das Gegenteil?*

1. a la derecha – ______
2. debajo – ______
3. detrás – ______
4. cerca – ______

WORTSCHATZ

ABC

21 Lage- und Wegbeschreibung

Um die Lage und Richtung zu bestimmen, verwendet man folgende Ausdrücke:

cruzar *überqueren*

tomar una calle	*in eine Straße abbiegen*
girar/torcer	*(ab)biegen*
dar la vuelta	*wenden*

todo recto	*geradeaus*	encima (de)	*auf*
a la derecha (de)	*rechts (von)*	debajo (de)	*unter*
a la izquierda (de)	*links (von)*	al lado (de)	*neben*
enfrente (de)	*gegenüber (von)*	detrás (de)	*hinter*
cerca (de)	*nahe (bei)*	delante (de)	*vor*
lejos (de)	*weit, entfernt (von)*	entre	*zwischen*

In manchen Städten der autonomen Regionen Spaniens findet man Schilder in Spanisch und in der Landessprache der Region (z. B. in Galizien, Baskenland, Katalonien, Valencia und auf den Balearen).

LÖSUNGEN:

a) **1.** b, **2.** c, **3.** f, **4.** e, **5.** d, **6.** a, b) **1.** a la izquierda, **2.** encima, **3.** delante, **4.** lejos.

22 Los medios de transporte

Die Wörter im Kasten sind durcheinandergeraten. Bringen Sie die Buchstaben wieder in die richtige Reihenfolge und ordnen Sie die Wörter jeweils dem richtigen Bild zu.*

aoucrat ecohc ilacetibc otemr nivaó
cotiatcemol roabc vartína nert

1. ____________ 2. ____________ 3. ____________

4. ____________ 5. ____________ 6. ____________

7. ____________ 8. ____________ 9. ____________

22 Verkehrsmittel in Spanien

Allgemein kann man sich in Spanien ohne *Auto* (**coche**) bewegen, da die öffentlichen Verkehrsmittel gut ausgebaut sind. *Reisebusse* (**autocares**) pendeln zwischen Städten und in den Ortschaften verkehren die **autobuses urbanos.** Tickets kauft man in der **estación de autobuses.** In den Hauptstädten bewegt **el metro** *(U-Bahn)* die Menschenmassen.

Die Nutzungshäufigkeit von Zügen hängt von der Region ab. Die staatliche Zuggesellschaft **RENFE** hat *Hochgeschwindigkeitszüge* (**trenes de alta velocidad**), wie **el AVE,** die Großstädte verbinden und *Nahverkehrszüge* (**cercanías**) für den Regionalverkehr.

Taxifahrten sind in Spanien relativ preisgünstig. *Taxen* (**taxis**) sind in der Regel mit einem Taxameter ausgestattet.

Das *Flugzeug* (**el avión**) ist eine teure aber schnelle Alternative. Meistens ist aber eine Verbindung zwischen den Regionalflughäfen nur über die Hauptstadt Madrid möglich.

Fahrräder (**bicicletas**) werden (noch) eher in der Freizeit als im täglichen Verkehr benutzt. *Mopeds* (**ciclomotores**), *Motorräder* (**motocicletas**) und *Roller* (**motos**) sind üblich vor allem in warmen Regionen und in den Metropolen Barcelona und Madrid.

LÖSUNGEN:

1. barco, **2.** autocar, **3.** avión, **4.** coche, **5.** bicicleta, **6.** metro, **7.** tren, **8.** tranvía, **9.** motocicleta

23 ¿Van en coche o van a pie?

Womit fahren diese Personen? Vervollständigen Sie die Sätze mit dem konjugierten Verb **ir** und der richtigen Präposition.*

1. Ana va ______________________.
2. Luis ______________________

3. Juan ______________________.
4. Lina ______________________

5. Lalo y Pepe ______________________
______________________.
6. Margarita ______________________
______________________.

23 ir en/a/de

Das Verb **ir** *(gehen, fahren)* wird mit der Präposition **en** in Verbindung mit Transportmitteln verwendet:

ir en coche	*(mit dem Auto) fahren*
ir en tren	*(mit dem Zug) fahren*
ir en barco	*(mit dem Schiff) fahren*
ir en bicicleta	*Rad fahren*
ir en avión	*fliegen*

Die Ausnahmen, mit der Präposition a, sind:

ir a pie	*zu Fuß gehen*
ir a caballo	*reiten*

Ir wird mit der Präposition **de** für Aktivitäten benutzt:

ir de vacaciones a Mallorca	*in Urlaub fahren nach Mallorca*
ir de excursión	*einen Ausflug machen*
ir de fiesta	*zu einer Party gehen*
ir de copas	*trinken gehen*

Das Verb **estar** wird auch mit der Präposition **de** für Aktivitäten verwendet: estar de vacaciones en Mallorca
Urlaub machen auf Mallorca

LÖSUNGEN:

1. en tren, **2.** va en coche, **3.** va a pie, **4.** va a caballo, **5.** van en camión, **6.** va en bicicleta

24 ¿Nos trae la carta, por favor?

Bringen Sie den Dialog in die richtige Reihenfolge.*

1. - Gracias.
2. - ¿Está bien aquí?
3. - ¿Tienen una mesa para dos?
4. - Para mí el estofado.
5. - Sí, gracias.
6. - Vino tinto de la casa.
7. - ¡Hola, buenas!
8. - Y para mí la merluza.
9. - ¿Y para beber?
10. - Hoy les recomiendo de primero un gazpacho y de segundo merluza *(Seehecht)* a la gallega o estofado *(Fleischeintopf)* a la catalana.
11. - De acuerdo, enseguida va.

24 Im Restaurant bestellen

Im Restaurant brauchen Sie folgende Formulierungen:

¿Tiene una mesa libre para dos personas?	*Haben Sie einen freien Tisch für zwei Personen?*
¿Qué nos puede recomendar?	*Was können Sie uns empfehlen?*
Yo prefiero el pescado/la carne.	*Ich bevorzuge Fisch/Fleisch.*
De primero/de segundo...	*Als Vorspeise/als Hauptspeise...*
duro/dura	*zäh*
frío/fría	*kalt*
salado/salada	*salzig*
dulce	*süß*
¡Oiga, por favor! ¿Nos trae otra botella de vino?	*Können Sie uns bitte noch eine eine Flasche Wein bringen?*

Propina *(Trinkgeld):* wird auf einem Tellerchen hinterlassen. Im Restaurant ist bis zu 10 % üblich. Die *Kellner* (**camareros/as**) freuen sich über ein Trinkgeld, das ein wichtiger Teil ihres Lohnes ist. Getrennte Rechnungen sind in Spanien nicht üblich.

LÖSUNGEN:

7, 3, 2, 5, 10, 4, 8, 9, 6, 11, 1

25 ¿Qué les gusta hacer?

Was machen Sie gerne? Entscheiden Sie anhand der Bilder, was die Personen mögen. Verwenden Sie dafür das Verb **gustar** und die folgenden Begriffe. Achten Sie auf den Gebrauch von Dativpronomen und auf die Pluralbildung.*

las flores - cocinar - la música - viajar - los cuentos - los masajes

1. ____________ 2. ____________ 3. ____________

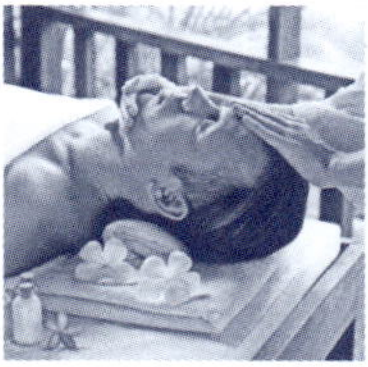

4. ____________ 5. ____________ 6. ____________

25 Vorlieben

Um Vorlieben auszudrücken, verwendet man Verben wie **gustar** *(schmecken/mögen/gefallen)* und **preferir** *(bevorzugen/lieber haben).*

Wertende Konstruktionen mit Verben wie **gustar** werden mit den Dativpronomen und der 3. Person (wie auf Deutsch *gefallen)* gebildet. Der Plural stimmt überein.

me/te/le/nos/os/les	**gusta** (Sing.)	Me gusta la paella. *Mir schmeckt die Paella.*
	gustan (Pl.)	Me gustan las fotos. *Die Fotos gefallen mir.*

me gusta + Infinitiv bedeutet *gerne tun:* **me gusta cocinar** *(ich koche gerne).*

Weitere Verben, die wie **gustar** funktionieren, sind:

encantar *lieben, sehr gefallen*
interesar *interessieren*
apetecer *auf etwas Lust haben*

LÖSUNGEN:

1. Les gusta la música. **2.** Le gusta viajar. **3.** Le gustan las flores. **4.** Le gustan los masajes. **5.** Les gusta cocinar. **6.** Les gustan los cuentos.

26 Los alimentos

Welche Begriffe entsprechen den Bildern?*

lechuga - pimientos - naranjas - pescado - arroz
especias - fruta - leche - miel

1. ____________ **2.** ____________ **3.** ____________

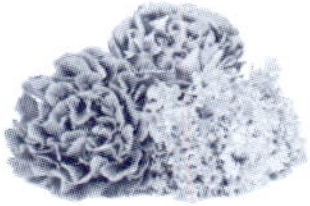

4. ____________ **5.** ____________ **6.** ____________

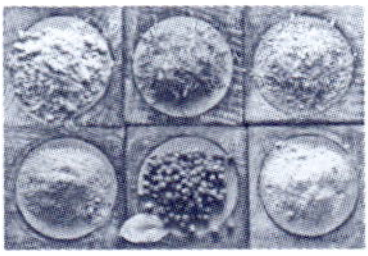
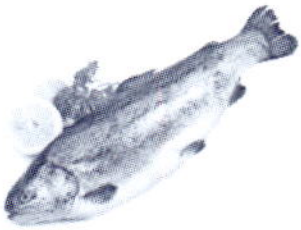

7. ____________ **8.** ____________ **9.** ____________

26 Lebensmittel

Pflanzliche Lebensmittel (**alimentos de origen vegetal**):

la verdura	*Gemüse*	la fruta	*Obst*
la lechuga	*Kopfsalat*	la naranja	*Orange*
el pimiento	*Paprikaschote*	el plátano/la banana	*Banane*
el cereal	*Getreide*	el arroz	*Reis*

Tierische Lebensmittel (**alimentos de origen animal**):

la carne	*Fleisch*	el embutido	*Wurst*
el marisco	*Meeresfrüchte*	el pescado	*Fisch*
la leche	*Milch*	el queso	*Käse*
la miel	*Honig*	el huevo	*Ei*

Gewürze (**condimentos**):

el azúcar	*Zucker*	la sal	*Salz*	la pimienta	*Pfeffer*

Getränke (**bebidas**):

el agua natural	*stilles Wasser*	el agua con gas	*Sprudelwasser*
el zumo/el jugo	*Saft*	el cava	*Sekt*
el vino tinto	*Rotwein*	el café solo	*Espresso*
el té	*schwarzer/ grüner Tee*	la infusión	*Kräutertee*

Consumir preferentemente antes de... *Mindestens haltbar bis ...*

LÖSUNGEN:

1. arroz, **2.** naranjas, **3.** miel, **4.** leche, **5.** pimientos, **6.** lechuga, **7.** fruta, **8.** especias, **9.** pescado.

27 En la "Boquería" Mercat de Sant Josep

a Ordnen Sie die Buchstaben zu Marktprodukten.*

1. raspe – ____________

2. elmón – ____________

3. mlonies – ____________

4. arajnnsa – ____________

5. mjóan – ____________

6. vhosue – ____________

b Kreuzen Sie die richtige Reaktion an.*

1. ¿Qué le pongo?
- ☐ **A** Tenga, la vuelta.
- ☐ **B** Medio kilo de tomates.

2. ¿Desea algo más?
- ☐ **A** Mejor dos, por favor.
- ☐ **B** Sí, dos pimientos rojos.

3. Deme cien gramos de jamón.
- ☐ **A** ¿Ibérico?
- ☐ **B** No, un litro y medio.

4. ¿Cuánto es todo?
- ☐ **A** Son veinte euros.
- ☐ **B** No, gracias, nada más.

27 Einkaufen auf dem Markt

Auf dem Markt brauchen Sie folgende Ausdrücke:

¿Cuánto cuestan estas naranjas?	*Was kosten diese Apfelsinen?*
Deme un kilo, por favor.	*Geben Sie mir ein Kilo, bitte.*
¿Estas peras son dulces?	*Sind diese Birnen süß?*
¿Los tomates estan maduros?	*Sind die Tomaten reif?*
Eso es todo, gracias/Nada más.	*Das ist alles, danke.*
¿Cuánto es todo?	*Was macht das alles zusammen?*
Aquí tiene usted veinte euros.	*Hier sind zwanzig Euro.*

Auf den Märkten staunt man darüber, wie kunstvoll farbenfrohes Obst und Gemüse präsentiert wird und über das reichhaltige Angebot von frischem Fisch.
In Spanien kommen sehr oft Fisch und Meeresfrüchte auf den Tisch. Auf den Ramblas, der Prachtstraße von Barcelona, findet man einen der bekanntesten Märkte Spaniens „La Boquería" (gebaut 1914).

LÖSUNGEN:

a) **1.** peras, **2.** melón, **3.** limones, **4.** naranjas, **5.** jamón, **6.** huevos;
b) **1.** b, **2.** b, **3.** a, **4.** a

28 Una receta deliciosa

a Das spanische Kartoffelomelett **(tortilla de patata)** besteht aus 5 Zutaten. Ordnen Sie die Bilder den Zutaten der Wortschlange zu.*

huevospatatascebollasaceitedeolivasal

1. ____________ **2.** ____________ **3.** ____________

4. ____________ **5.** ____________

b Ordnen Sie die Tätigkeiten beim Zubereiten des Omeletts.*

mezclar *(mischen)* pelar *(schälen)* cortar *(schneiden)*
freír *(braten)* dorar *(goldbraun backen)* dar la vuelta *(wenden)*

1. ____________ y ____________ las patatas y las cebollas.

2. ____________ las patatas y cebollas en aceite de oliva.

3. ____________ los huevos con las patatas y cebollas.

4. ____________ la tortilla por un lado y ____________ .

28 Spanische Küche

Die Küche in Spanien ist sehr vielfältig und je nach Region unterschiedlich. Meist werden Zutaten wie Gemüse, Obst, Fisch und Fleisch verwendet sowie Eier und Mandeln für die Süßspeisen.

Das beliebte spanische *Omelett* (**tortilla de patata**) wird heiß oder kalt serviert, häufig als **tapa.** Trotz einfacher Zutaten ist die Zubereitung eine wahre Kunst. Seit dem 18. Jahrhundert ist es als günstiger Sattmacher bekannt. Im Gegensatz zur spanischen tortilla sind mexikanische **tortillas** *Fladenbrote.*

Tapas sind kleine Happen, die in Spanien an der Theke jeder Bar oder Kneipe angeboten werden. Das Wort **tapa** bedeutet Deckel. Das beliebte **ir de tapas** bedeutet, mit Freunden oder Bekannten von einer Kneipe zur nächsten zu ziehen, überall verschiedene **tapas** zu probieren und etwas zu trinken. Jeder bezahlt eine Runde.

Die berühmte **paella** findet ihren Ursprung in Valencia und ist durch die Produkte der Region geprägt: Reis aus den großen Reisfeldern in **La Albufera,** frisches Gemüse, sowie Kaninchen und Hähnchen.

LÖSUNGEN:

a) **1.** sal, **2.** patatas, **3.** aceite de oliva, **4.** cebollas, **5.** huevos. b) **1.** pelar, cortar, **2.** freír, **3.** mezclar, **4.** dorar, dar la vuelta.

29 El mobiliario

a Ordnen Sie die Wohnbereiche den Bildern zu.*

1. ______ **2.** ______ **3.** ______ **4.** ______

5. ______ **6.** ______ **7.** ______ **8.** ______

A comedor	**B** despacho	**C** cuarto de baño	**D** sótano
E balcón	**F** salón	**G** garaje	**H** dormitorio

b Identifizieren Sie die Einrichtungsgegenstände.**

áfos ______

aplamár ______

llinsó ______

tnalpas ______

josenic ______

eratísenat ______

barmlofa ______

emas ______

29 Wohnungseinrichtung

Verschiedene *Räume* (**habitaciones/cuartos**) einer Wohnung sind:

el salón/la sala	*Wohnzimmer*	la cocina	*Küche*
el cuarto de baño	*Badezimmer*	el comedor	*Esszimmer*
el dormitorio	*Schlafzimmer*	el despacho	*Arbeitszimmer*

Weitere Wohnbereiche sind:

el sótano	*Keller*	el garaje	Garage
el pasillo	*Flur*	la escalera	*Treppe/ Treppenhaus*
el balcón	*Balkon*	la terraza	*Terrasse*

Häufig wird in Spanien ein großer Balkon auch **terraza** genannt.

Möbel (**muebles**) sind typischerweise:

el sofá	*Sofa*	el sillón	*Sessel*
la estantería	*Regal*	el armario	*Schrank*
la mesa	*Tisch*	la mesilla	*Nachttisch*

Zu **la decoración** *(Einrichtung)* gehören z. B. folgende Gegenstände:

la alfombra	*Teppich*	la lámpara	*Lampe*
el cuadro	*Bild*	el cojín	*Kissen*
la planta	*Pflanze*	la cortina	*Gardine/ Vorhang*

LÖSUNGEN:

a) **1.** d, **2.** h, **3.** f, **4.** b, **5.** a, **6.** c, **7.** g, **8.** e; b) sofá, lámpara, sillón, plantas, cojines, estantería, alfombra, mesa.

30 Preguntar

a Lesen Sie die Fragen und wählen Sie das passende Fragewort aus.*

1. **¿Dónde/cuánto/quién** compras la fruta para mañana?
2. **¿Cuántas/cuánto/cómo** cuestan las entradas para el concierto?
3. **¿Cuáles/qué/adónde** ciudad visitamos en las vacaciones?
4. **¿Adónde/de dónde/cuándo** es la fiesta en casa de Juan?
5. **¿Quiénes/cómo/cuáles** es tu bicicleta nueva?

b Stellen Sie Fragen zu folgenden Antworten.
Achtung: Mehrere Fragen sind möglich.*

1. Vamos a León en avión mañana.

   ____

2. Comemos una paella en un restaurante al lado de la catedral.

   ____

3. El tren llega a Alicante a las ocho en punto de la tarde.

   ____

30 Fragewörter

Im Spanischen haben alle Fragen am Anfang ein umgedrehtes Fragezeichen und ein normales am Ende. Alle Fragewörter haben einen Akzent.

In der folgenden Liste finden Sie die wichtigsten Fragewörter:

¿Quién/Quiénes?	*Wer?*	¿Qué?	*Was?*
¿Cuál?/¿Cuáles?	*Welche/s/r?*	¿Cómo?	*Wie?*
¿Cuándo?	*Wann?*	¿Cuánto/a/s?	*Wieviel/e?*
¿Por qué?	*Warum?*	¿Dónde?	*Wo?*
¿Adónde?	*Wohin?*	¿De dónde?	*Woher?*

¿Quiénes son tus padres?	*Wer sind deine Eltern?*
¿Cuáles prefieres?	*Welche mags du lieber?*
¿Cuántos hijos tiene?	*Wieviele Kinder haben Sie?*
¿De dónde vienes tan cansado?	*Wo kommst du her so müde?*
¿Adónde vas ahora?	*Wo gehts du jetzt hin?*

LÖSUNGEN:

a) **1.** ¿dónde?, **2.** ¿cuánto?, **3.** ¿qué?, **4.** ¿cuándo?, **5.** ¿cómo? b) **1.** ¿Adónde vais? ¿Cómo vais? ¿Cuándo (vais a León)?, **2.** ¿Qué comemos? ¿Dónde comemos (la paella)? ¿Dónde está el restaurante?, **3.** ¿Dónde llega el tren? ¿A qué hora (cuándo) (llega el tren)?

31 El piso de alquiler

Vervollständigen Sie das Telefongespräch mit den folgenden Sätzen.*

Se alquila piso de lujo amueblado de 120 m²
en el centro de Cádiz.
Tel. 95601234

A ¿Cuántas habitaciones tiene?
B ¿Cuándo puedo ver el piso?
C Eso incluye los gastos de calefacción.
D ¿Está libre el piso?
E Es un piso muy céntrico y luminoso.
F ¿Tiene balcón y ascensor?
G ¿Cuánto es el alquiler?

Mateo: ¡Buenos días! Soy Mateo López y llamo por el anuncio del alquiler. **1.** ______

Propietario: Sí, está libre. **2.** ______

Mateo: **3.** ______

Propietario: Tiene salón, cocina, dos baños y tres dormitorios.

Mateo: **4.** ______

Casero: Son 790 Euros al mes. **5.** ______

Mateo: **6.** ______

Casero: Es un tercer piso con ascensor y una terraza grande.

Mateo: **7.** ______

31 Eine Wohnung mieten

Hier sind einige nützliche Ausdrücke zum **Mieten einer Wohnung:**

¿Está libre el piso?	*Ist die Wohnung frei?*
¿Cuántas habitaciones tiene?	*Wie viele Zimmer hat sie?*
¿Tiene calefacción/cocina de gas/ ascensor/balcón?	*Hat sie Heizung/einen Gasherd/ einen Aufzug/einen Balkon?*
¿Cuánto es el alquiler?	*Wie hoch ist die Miete?*
¿Incluye los gastos de calefacción/ de luz/de agua?	*Sind die Nebenkosten inklusive (Heizung/Strom/Wasser)?*
¿Cuándo puedo ver el piso?	*Wann kann ich die Wohnung besichtigen?*

Der allgemeine Begriff für Wohnung und Haus ist **vivienda**. Wohnung ist **piso** in Spanien und **apartamento/departamento** in Lateinamerika. Haus/Zuhause ist **casa**. Das Einfamilienhaus wird in Spanien **el chalet** genannt.

ABC

alquilar	*mieten, vermieten*	el alquiler	*die Miete*
subarrendar	*untermieten*	el inquilino	*Mieter*
el propietario	*Vermieter*	amueblado	*möbliert*
luminoso	*hell*	céntrico	*zentral*
piso compartido	*Wohngemeinschaft*	la mudanza	*Umzug*

LÖSUNGEN:

1. d, **2.** e, **3.** a, **4.** g, **5.** c, **6.** f, **7.** b

32 La capital de España

a Finden Sie in den Wortschlangen sieben Sehenswürdigkeiten in Madrid.*

1. ACONIFASPALACIOREALMASELRETIRODELACIBELESON

2. ESTUPLAZAMAYORVINOESTEDASPUERTADELSOLIACAR

3. RALDELSAGRANVIAYSEMELIMUSEODELPRADOESDENA

b Was passt nicht zu Madrid? Streichen Sie das Wort durch.*

1. meseta | madrileños | Mediterráneo
2. porras | ensaimada | churros
3. capital | playa | doce uvas | metro
4. cocido | kilómetro cero | paella

32 Madrid

Madrid, seit 1562 *Hauptstadt* (**la capital**) Spaniens und Sitz der spanischen Regierung, liegt im geografischen Zentrum der iberischen Halbinsel auf einem *Hochplateau* (**meseta**).

Der Großraum Madrid hat 6,5 Millionen *Einwohner* (**los madrileños**). Der sogenannte **Kilómetro cero** *(Kilometer null)*, von dem aus die Entfernungen aller spanischen Straßen gemessen werden, liegt in der stark besuchten **Puerta del Sol,** genau mitten in Madrid.

Zu Silvester werden 12 *Trauben* (**las doce uvas**) zu jedem Glockenschlag der Turmuhr auf der **Puerta del Sol** verzehrt. Sie sollen Glück für das kommende Jahr bringen.

Weitere Sehenswürdigkeiten in Madrid sind:
Der **Plaza Mayor** *(Hauptplatz)*, die Brunnenstatue **La Cibeles,** die Promenade **Gran Vía,** der **Palacio Real** *(Königlicher Palast)*, das **Museo del Prado** *(Prado Museum)* und **El Retiro,** ein großer Park.

Eine Spezialität aus Madrid sind die **churros** (wenn größer, **porras** genannt), frittierter Ölteig in Stangenform, und der **cocido** *(Eintopf)*.

LÖSUNGEN:

a) **1.** Palacio Real, El Retiro, La Cibeles, **2.** Plaza Mayor, Puerta del Sol, **3.** Gran Vía, Museo del Prado, b) **1.** Mediterráneo, **2.** ensaimada, **3.** playa, **4.** paella.

33 Los números ordinales

a Der Junge auf dem Bild sagt: *Ich bin der Erste.* Wie sagt er das auf Spanisch?*

Antwort:

____

____

b Vervollständigen Sie die Sätze mit den entsprechenden Ordnungszahlen.*

1. Yo vivo en el *(erster)* ______________ piso.
2. ¿Cúal es tu *(zweiter)* ______________ apellido?
3. El Rey *(König)* de España es Juan Carlos I ______________
4. ¿Es la ______________ *(vierte)* vez *(Mal)* que estás en España?
5. ¿Qué quieres comer de ______________ plato? *(erster Gang)*
6. Yo solo como un ______________ plato. *(zweiter Gang)*

33 Ordnungszahlen

Bei den Ordnungszahlen gibt es eine männliche und eine weibliche Form:

el segundo piso	*der zweite Stock*
la segunda calle	*die zweite Straße*

Primero und **tercero** verlieren das **-o,** wenn sie vor einem männlichen Substantiv stehen.

el primer plato	*der erste Gang*
el tercer hijo	*der dritte Sohn*

primer(o)/a	*erste/r*	sexto/a	*sechste/r*
segundo/a	*zweite/r*	séptimo/a	*siebte/r*
tercer(o)/a	*dritte/r*	octavo/a	*achte/r*
cuarto/a	*vierte/r*	noveno/a	*neunte/r*
quinto/a	*fünfte/r*	décimo/a	*zehnte/r*

Bei Namen von Königen, Päpsten etc. stehen die Ordnungszahlen bis 10 ohne Artikel, ab der Zahl 11 werden die Kardinalzahlen verwendet.

LÖSUNGEN:

a) (yo) ¡soy el primero! b) **1.** primer, **2.** segundo, **3.** primero, **4.** cuarta, **5.** primer, **6.** segundo

GRAMMATIK

34 Vamos a comparar

Setzen Sie die fehlenden Wörter in die Lücken ein.*

altísimo - más - menos - mayor - más - mejor

1. Fernando es el ______ del curso.

2. Ir en bicicleta es lo ______ ecológico.

3. La señora García es ______ que yo.

4. Este es el edificio ______ moderno de Bilbao.

5. Marisa es ______ alta que Óscar.

6. El Machu Picchu es ______.

34 Vergleich und Steigerung

Um zwei Dinge oder Personen miteinander zu vergleichen, verwendet man im Spanischen **igual de ... que** *(genauso ... wie ...)*.

Carlos es **igual de** alto **que** yo. *Carlos ist genau so groß wie ich.*

Um Ungleichheit auszudrücken, wird **más ... que** *(mehr ... als)* oder **menos ... que** *(weniger ... als)* verwendet.

Carlos es **más** alto **que** yo. *Carlos ist größer als ich.*

Der Superlativ (die höchste Steigerungsstufe) wird mit dem bestimmten Artikel (el/la/los/las) + **más** bzw. **menos** + Adjektiv gebildet.

Carlos es **el más** alto (de todos). *Carlos ist der größte (von allen).*

Unregelmäßige Formen der Steigerung sind:

bueno/a	*gut*	→	**mejor**	*besser*
mal/a	*schlecht*	→	**peor**	*schlechter*
grande	*groß*	→	**mayor**	*grösser, älter (Person)*
pequeño/a	*klein*	→	**menor**	*kleiner, jünger (Person)*

Der absolute Superlativ wird gebildet, indem man die Endung **-ísimo/a/s** an das Adjektiv anhängt, z. B. **alto** wird zu **altísimo** *(äußerst hoch)*.

LÖSUNGEN:

1. mejor, **2.** más, **3.** mayor, **4.** más, **5.** menos, **6.** altísimo

35 ¡Feliz cumpleaños!

a Verbinden Sie die Fragen mit den passenden Antworten.*

1. ¿Cuántos años cumples? ___ **A** Tengo 32 años.
2. ¿Cuántos años tienes? ___ **B** Gracias.
3. ¿Cuándo es tu cumpleaños? ___ **C** Cumplo 23 años.
4. ¡Feliz cumpleaños! ___ **D** El 5 de enero.

b Ordnen Sie die fehlenden Sätze in der E-Mail-Nachricht zu.*

A ¡Felicidades! **B** tengo 26 años **C** 6 de mayo (Mai)
D tienes 26 años también **E** ¿cuantos años cumples?

Querido Manuel:

Hoy es el **1.** ________, y sé que es tu cumpleaños. **2.** ________

No me acuerdo bien, **3.** ________ ya *(schon)* **4.** ________ y creo que tú **5.** ________. ¡Qué viejos somos!

Un abrazo,

Javier

35 Alter und Geburtstag

Nach dem **Alter** kann man fragen:

¿Cuántos años tienes/tiene?	*Wie alt bist du/sind Sie?*
¿Qué edad tienes/tiene?	*Wie alt bist du/sind Sie?*

Darauf kann man antworten:

Tengo 35 años.	*Ich bin 35 Jahre alt.*

Fragen zum **Geburtstag** können wie folgt lauten:

¿Cuándo es tu cumpleaños?	*Wann ist dein Geburtstag?*
¿Cuántos años cumples?	*Wie alt wirst du?*

Darauf kann man antworten:

Mi cumpleaños es el 31 de diciembre.	*Ich habe am 31. Dezember Geburtstag.*
Cumplo 36 años.	*Ich werde 36.*

Zum Geburtstag kann man wie folgt **gratulieren:**

¡Feliz cumpleaños!	*Alles Gute zum Geburtstag!*
¡Felicidades!	*Herzlichen Glückwunsch!*

In Spanien werden **Geburtstage** von Erwachsenen kaum gefeiert, und wenn überhaupt, werden Gerburtstagsfeiern häufig von Freunden und Familie organisiert.
In Lateinamerika wird zum 15. Geburtstag eines Mädchens **(Quinceañera)** das Erwachsenwerden mit einem prächtigen Fest gefeiert.

LÖSUNGEN:

a) **1.** c, **2.** a, **3.** d, **4.** b, b) **1.** c, **2.** a, **3.** e, **4.** b, **5.** d

36 ¿En qué mes pasa?

a Wann wird was gefeiert?*

1. Carnaval se celebra en ___ **A** julio

2. Navidades en ___ **B** octubre

3. "El día de la Hispanidad" es en ___ **C** abril

4. El lunes de Pascua se celebra en ___ **D** diciembre

5. "Los Sanfermines" en Pamplona son en ___ **E** febrero

b Welchem Monat entsprechen die Bilder?*

1. ______________

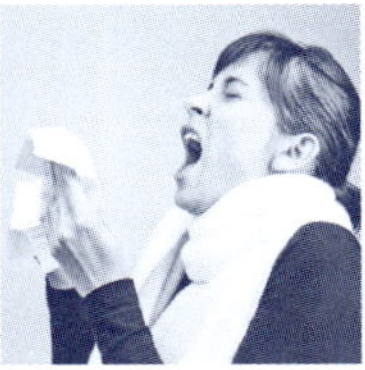

2. ______________

3. ______________

4. ______________

5. ______________

6. ______________

36 Monatsnamen

Die Monatsnamen (**los meses del año**) sind:

enero	*Januar*	julio	*Juli*
febrero	*Februar*	agosto	*August*
marzo	*März*	septiembre	*September*
abril	*April*	octubre	*Oktober*
mayo	*Mai*	noviembre	*November*
junio	*Juni*	diciembre	*Dezember*

ABC

Einige nützliche Zeitangaben:

Estamos...	*Wir haben ...*
... en abril.	*... April.*
... a primeros de abril.	*... Anfang April.*
... a mediados de abril.	*... Mitte April.*
... a finales de abril.	*... Ende April.*
el trimestre	*drei Monate*
el semestre	*sechs Monate*
semanal	*wöchentlich*
mensual	*monatlich*
anual	*jährlich*

LÖSUNGEN:

a) **1.** e, **2.** d, **3.** b, **4.** c, **5.** a; b) **1.** febrero, **2.** noviembre, **3.** enero, **4.** abril, **5.** diciembre, **6.** abril.

37 Adverbios

Füllen Sie die Lücken mit folgenden Wörtern:*

A todavía	B pronto	C tarde	D ahora
E temprano	F hoy	G luego	H pasado mañana
I siempre	J mañana	K muchos	L bastante
M muy	N mucho	O muy	

Granada, 5 de septiembre de 2012

Hola Natalia:

1. ______________ estoy en Granada, mi amiga Clara estudia **2.** ______________ aquí. Tiene **3.** ______________ trabajo pero **4.** ______________ vamos a La Alhambra. Salimos **5.** ______________ **6.** ______________ porque **7.** ______________ hay **8.** ______________ turistas. **9.** ______________ también hacemos una excursión a Sierra Nevada y **10.** ______________ volvemos a Granada.

11. ______________ es **12.** ______________ **13.** ______________.

Hasta **14.** ______________ **15.** ______________.

Un besito, Margarita

37 Adverbien (Abstufung und Zeit)

Um bestimmte Angaben abzustufen, verwendet man die Adverbien **muy** und **mucho.**

Muy *(sehr)* steht immer vor Adjektiven:

Es un libro **muy** bueno.	*Es ist ein gutes Buch.*

mucho *(viel),* auch hinter dem Verb, ist unveränderlich:

Clara **viaja mucho.**	*Clara reist viel.*

mucho als Adjektiv richtet sich nach dem Substantiv:

En Granada hay **muchos** estudiantes.	*In Granada sind viele Studenten.*

Das Adverb **bastante** bedeutet *genug, ziemlich* oder *ziemlich viel/e.*

Clara viaja **bastante.**	*Clara reist ziemlich viel.*
Estos libros son **bastante** buenos.	*Diese Bücher sind ziemlich gut.*

ABC

Hier gängige Zeitadverbien, die auch am Satzanfang stehen können:

pronto	*bald*	siempre	*immer*
ahora	*jetzt*	hoy	*heute*
mañana	*morgen*	tarde	*spät*
entonces	*dann*	luego	*später*
temprano	*früh*	pasado mañana	*übermorgen*
todavía	*noch*		

LÖSUNGEN:

1. f, **2.** a, **3.** n, **4.** j, **5.** m, **6.** e, **7.** i, **8.** k, **9.** h, **10.** g, **11.** d, **12.** l, **13.** c, **14.** o, **15.** b

38 Una invitación de boda

Füllen Sie die Lücken in der Hochzeitseinladung .**

A ceremonia *(Zeremonie)*
B confirmación *(Bestätigung)*
C enlace matrimonial *(Hochzeit)*
D comunicaros *(mitteilen)*
E Mayo *(Mai)*
F banquete *(Bankett)*
G Iglesia *(Kirche)*

Junto con nuestros padres nos complace *(freut uns)*

1. ____________ nuestro próximo **2.** ____________ .

PALOMA Y MIGUEL

La **3.** ____________ es el sábado 21 de **4.** ____________

a las 12:30 del mediodía

en la **5.** ____________ del Sagrado Corazón

A continuación celebramos *(feiern wir)* el

6. ____________ en el Restaurante Vistabella

Rogamos *(wir bitten um)* **7.** ____________ .

38 Einladungen

Eine **formelle Einladung** kann man wie folgt erstellen:

Está usted invitado a nuestra boda.	*Sie sind eingeladen zu unserer Hochzeit.*
Me/nos complace invitarle a...	*Es freut uns, Sie zu ... einzuladen.*

Eine **informelle Einladung** kann wie folgt lauten:

Estás invitado a cenar/una fiesta.	*Du bist zum Abendessen/zu einer Party eingeladen.*
Te/le invito a una copa/ir al cine.	*Ich lade dich/Sie zu einem Getränk/ins Kino ein.*
¿Te apetece una copa/ir al cine...?	*Hättest du Lust zu ...?*

ABC

Eine Einladung kann man annehmen mit:
Me gustaría aceptar su/tu invitación. *(Ich würde gerne Ihre/deine Einladung annehmen.)*, oder: **Acepto con gusto la invitación.** *(Ich nehme die Einladung gerne an.)*.

Eine Ablehnung kann man so ausdrücken:
Lamentablemente no puedo asistir a la boda/la fiesta/la reunión. *(Leider kann ich an der Hochzeit/Feier/Besprechung nicht teilnehmen.)*.

LÖSUNGEN:

1. d, **2.** c, **3.** a, **4.** e, **5.** g, **6.** f, **7.** b

39 Las fiestas en España

Verbinden Sie die Feiertage mit dem passenden Monat.*

1. Navidad	___	**A**	en octubre
2. Semana Santa	___	**B**	en diciembre
3. Día del Libro	___	**C**	en noviembre
4. Día de la Hispanidad	___	**D**	en diciembre
5. La Merced	___	**E**	en marzo
6. Día de Reyes	___	**F**	en abril
7. Las Fallas de San José	___	**G**	en diciembre
8. Nochevieja	___	**H**	en enero
9. San Fermín	___	**I**	en julio
10. Nochebuena	___	**J**	en diciembre
11. Día de Todos Los Santos	___	**K**	en abril
12. Día de la Constitución	___	**L**	en septiembre

39 Feiertage in Spanien

Zu den offiziellen und gesetzlichen Feiertagen kommen unzählige Feste zu Ehren von Schutzpatronen und Heiligen. Pilgerfahrten wie **El Rocío,** die veranstaltet werden, sind sehr eindrucksvoll und dauern mehrere Tage.

Während der **Semana Santa** *(Karwoche)* gibt es in vielen Orten prächtige Prozessionen, die sehenswert sind, besonders die in Sevilla - das Fest dort zählt zu den größten Andalusiens.

Zu *Weihnachten* (**Navidad**) dürfen **El Belén** *(die Krippe)* und **turrón** (eine Nougatspezialität, hauptsächlich aus Mandeln) nicht fehlen. Die große Bescherung findet erst am 6. Januar statt: **Día de Los Reyes Magos** *(Heilige Drei Könige),* die in manchen Städten am Meer am Abend davor mit Kamelen auf einer Fähre ankommen, durch die Stadt ziehen und zahlreiche Geschenke für die Kinder bringen.

Der spanische Nationalfeiertag ist der 12. Oktober - **Día de la Hispanidad.** Spanien feiert an diesem Tag nicht nur die Entdeckung der Neuen Welt durch Cristóbal Colón *(Columbus)* am 12. Oktober 1492, sondern auch die hispanische Kulturgemeinschaft.

LÖSUNGEN:

1. B, **2.** F, **3.** K, **4.** A, **5.** L, **6.** H, **7.** E, **8.** J, **9.** I, **10.** D, **11.** C, **12.** G

40 ¿Qué van a hacer?

Was haben diese Personen vor? Vervollständigen Sie die Sätze mit dem konjugierten Verb **ir + a** und dem richtigen Verb.*

servir - cenar - besarse - estudiar

1. Eva ______________________

______________________ en casa.

2. Julio, Patricia y Raúl

______________________.

3. Antonio ______________________

______________________ bebidas.

4. Alejandro y Yolanda

______________________.

40 Ir a (nahe Zukunft)

Um nahe gelegene **zukünftige Ereignisse** oder **Absichten** und **Pläne** auszudrücken, verwendet man im Spanischen das Präsens von **ir** *(gehen, fahren)* mit der Präposition a und dem Infinitiv des handlungstragenden Verbs:

voy
vas
va
vamos
vais
van

} a + Infinitiv

¿Qué **vas a hacer** este fin de semana?
Was hast du am Wochenende vor?

El sábado **voy a jugar** al fútbol, y el domingo **voy a descansar.**
Am Samstag spiele ich Fußball und am Sonntag werde ich mich ausruhen.

Das Verb **ir** als Absicht oder zukünftiges Ereignis wird wie jedes andere Verb verwendet:
Voy a ir de vacaciones a España este verano.
Diesen Sommer werde ich nach Spanien in Urlaub fahren.

LÖSUNGEN:

1. va a estudiar, **2.** van a cenar, **3.** va a servir, **4.** van a besarse.

41 El tiempo libre

a Ordnen Sie die Freizeitaktivitäten den Bildern zu.*

1. ______ **2.** ______ **3.** ______

4. ______ **5.** ______ **6.** ______

A salir con amigos – **B** pasear – **C** navegar por internet
D descansar – **E** ir a un concierto – **F** ver la televisión

b Bringen Sie die Buchstaben in die richtige Reihenfolge – die gesuchten Wörter bezeichnen verschiedene Sportarten.*

1. olftúb ______
2. ancatóni ______
3. csilomic ______
4. mobalnona ______

41 Freizeitaktivitäten

In der Freizeit (**ocio/tiempo libre**) kann man folgende Aktivitäten (**actividades**) im Freien (**al aire libre**), in der Natur (**en la naturaleza**), oder im Innenbereich (**en el interior**) durchführen:

descansar	*sich ausruhen*
pasear/dar un paseo	*spazieren gehen*
jugar a la pelota/al fútbol	*Ball/Fußball spielen*
hacer senderismo/ciclismo	*wandern/Fahrrad fahren*
ir de viaje/de excursión	*eine Reise/einen Ausflug machen*
tocar un instrumento	*ein Instrument spielen*
visitar museos/exposiciones	*Museen/Ausstellungen besuchen*
ir al cine/a un concierto	*ins Kino/ins Konzert gehen*

!

Etwas spielen sagt man wie folgt auf Spanisch:
jugar a für Sport und Spiele, z. B. jugar a las cartas *(Karten spielen)*.
tocar für Musikinstrumente, z. B. tocar la guitarra, tocar el piano *(Gitarre/Klavier spielen)*.

Weitere **Sportarten** für die Freizeit sind:

el fútbol sala	*Hallenfußball*	el voleibol	*Volleyball*
el baloncesto	*Basketball*	el balonmano	*Handball*
el tenis	*Tennis*	el pádel	*Paddle-Tennis*
la natación	*Schwimmen*	la vela	*Segeln*

LÖSUNGEN:

a) **1.** f, **2.** e, **3.** b, **4.** c, **5.** d, **6.** a, b) **1.** fútbol, **2.** natación, **3.** ciclismo, **4.** balonmano.

42 Los colores de la ropa

a Wie heißen die folgenden Kleidungsstücke?*

1. ____________ **2.** ____________ **3.** ____________ **4.** ____________

5. ____________ **6.** ____________ **7.** ____________ **8.** ____________

b Finden Sie Farben in den Wortschlangen.*

1. jedfmarróncareamarillodeacsggfsblancombd

2. eritsverdemiracsdorojomscasimoradolamodas

3. arosaanasedgaacibonegroadegrclhgrisncholna

4. ladebsednlilabsanaranjaserlasciurlaszosazulop

42 Kleidungsstücke und Farben

Einige *Kleidungstücke* (**prendas de vestir** oder **ropa**) sind:

la camisa	*Hemd*	la camiseta	*T-Shirt*
el pantalón	*Hose*	el vestido	*Kleid*
la blusa	*Bluse*	la falda	*Rock*
el abrigo	*Mantel*	la chaqueta	*Jacke*
el traje	*Anzug*	el bañador	*Badeanzug*

Häufige *Farben* (**colores**) sind:

rojo	*rot*	amarillo	*gelb*	azul	*blau*
verde	*grün*	marrón	*braun*	naranja	*orange*
rosa	*rosa*	lila	*flieder*	morado	*lila*
blanco	*weiß*	negro	*schwarz*	gris	*grau*

Die Farben werden mit dem maskulinen Artikel verwendet, z. B. **el rojo** (von **el color rojo).**
Zu *hell* und *dunkel* sagt man **claro** und **oscuro,** z. B. **azul claro** *(hellblau).*

LÖSUNGEN:

a) **1.** falda, **2.** blusa, **3.** abrigo, **4.** vestido, **5.** pantalón, **6.** jersey, **7.** camiseta, **8.** camisa; b) **1.** marrrón, amarillo, blanco, **2.** verde, rojo, morado, **3.** rosa, negro, gris, **4.** lila, naranja, azul

43 La blusa le queda súper bien

Setzen Sie das entsprechende Pronomen ein.**

1. (A Nuria) la blusa ________ queda súper bien.
2. ¿Qué (a vosotros) ________ parecen las películas de Almodóvar?
3. (A nosotros) ________ parecen muy buenas.
4. (A mí) Estos pantalones ________ quedan muy estrechos.
5. Ahora, (a usted) ________ traigo otra talla.
6. (A ustedes) ________ molesta el ruido? *(Lärm)*
7. (A ellas) ________ encanta ir de compras.
8. Y (a ti) Luis, ¿qué ________ gusta más, el mar o la montaña?

43 Indirekte Objektpronomen

Die indirekten Objektpronomen bzw. Dativpronomen (entsprechend **¿a quién? ¿a quiénes?** – *wem?*) stehen vor dem Verb.

¿A quién **le** queda bien la blusa?	*Wem steht die Bluse gut?*
Le queda bien a Nuria/a ella.	*Sie steht Nuria/ihr gut.*

Wird ein Dativpronomen betont, steht es am Satzanfang und muss mit der Präposition **a** in der unbetonten Form wiederholt werden:

unbetonte Form (mit Präposition)	**betonte Form** (vor dem Verb)	
a mí	**me**	*mir*
a ti	**te**	*dir*
a él, a ella, a usted	**le**	*ihm, ihr, Ihnen*
a nosotros	**nos**	*uns*
a vosotros	**os**	*euch*
a ellos, a ellas, a uds.	**les**	*ihnen, Ihnen*

A ella le queda bien. *Ihr steht sie gut.*

Verben wie **gustar** *(gefallen, schmecken)*, **encantar** *(begeistern)* und **parecer** *(scheinen)* werden mit dem indirekten Objektpronomen gebraucht und stimmen mit dem Subjekt überein:
Le gusta mucho su profesora. *Ihr/seine Lehrerin gefällt ihr/ihm sehr gut.*

LÖSUNGEN:

1. le, **2.** os, **3.** nos, **4.** me, **5.** le, **6.** les, **7.** les, **8.** te

44 De compras

a Verbinden Sie die Fragen mit den richtigen Antworten.**

1. ¿Qué talla necesita?	___	**A** Azul oscuro o negro.
2. ¿Qué le parece la falda?	___	**B** Si, me gustaría.
3. ¿Cómo le quedan los pantalones?	___	**C** No me sientan bien.
4. ¿De qué color quiere el jersey?	___	**D** Con tarjeta.
5. ¿Cómo va a pagar?	___	**E** La 38.
6. ¿Quiere probárselos?	___	**F** Me gusta mucho.

b Bringen Sie den Dialog in die richtige Reihenfolge.**

___	**A**	Vendedora:	¿Cuál es su talla?
___	**B**	Clienta:	Es pequeño. ¿Me puede traer una talla más?
___	**C**	Clienta:	La talla más grande me queda bien. Me lo llevo.
___	**D**	Vendedora:	Aquí tiene. Los probadores están al fondo.
___	**E**	Clienta:	Me gustaría probarme el vestido del escaparate.
___	**F**	Clienta:	La 40 o la mediana.
___	**G**	Vendedora:	¿Qué tal le queda el vestido?

44 Kleidung kaufen

Hier sind einige nützliche Ausdrücke zum **Kaufen von Kleidung:**

Busco una camisa/un traje...	*Ich suche ein Hemd/einen Anzug ...*
de la talla 40/mediana	*in Größe 40/Medium*
de color azul/negro	*in der Farbe blau/schwarz*
de algodón/lana/punto	*aus Baumwolle/aus Wolle/gestrickt*
de corte clásico	*im klassischen Schnitt*
¿Puedo probármelo/la/ los/las?	*Kann ich es/ihn/sie anprobieren?*
¿Cómo/qué tal le queda/n la camisa/los pantalones?	*Wie passt Ihnen das Hemd/ die Hose?*
Me queda ancho/estrecho/ grande/pequeño/largo/corto.	*Es ist mir zu weit/eng/ groß/klein/lang/kurz.*
¿Tiene otra talla?	*Haben Sie eine andere Größe?*
¿Tiene otro color?	*Haben Sie eine andere Farbe?*
¿Qué precio tiene?	*Wie teuer ist es?*
¿Puedo pagar con tarjeta?	*Kann ich mit Karte zahlen?*

ABC

probarse	*anprobieren*	probador	*Umkleidekabine*
las rebajas	*Schlussverkauf*	escaparate	*Schaufenster*
pagar en efectivo/con tarjeta		*bar/mit Karte zahlen*	

LÖSUNGEN:

a) **1.** e, **2.** f, **3.** c, **4.** a, **5.** d, **6.** b; b) **1.** e, **2.** a, **3.** f, **4.** d, **5.** g, **6.** b, **7.** c

45 De compras por el centro

a Vervollständigen Sie Elenas E-Mail an Pilar, die Madrid besucht.**

mercadillo - tiendas de ropa - ir al rastro - centro - compras
segunda mano - antigüedades - puestos - rebajas

¡Hola, Pilar!

Como vas a estar en Madrid este fin de semana, ¿que tal si nos vamos de **1.** __________? El sábado podemos ir al **2.** __________.

Hay muchas **3.** __________, de bisutería y de recuerdos.

Y ahora hay **4.** __________.

El domingo podemos **5.** __________, un **6.** __________ muy famoso.

Allí hay **7.** __________ de libros y antigüedades, y otras cosas de **8.** __________. ¿Te apetece?

Besos,

Elena

45 Einkaufen in Spanien

In Spanien kann man in **tiendas** *(Fachgeschäfte)*, grandes **almacenes** *(Kaufhäuser)*, centros **comerciales** *(Einkaufszentren)*, **supermercados** *(Supermärkte)*, **mercados** *(Märkte)* y **mercadillos** *(Flohmärkte)* einkaufen.

El Rastro in Madrid, offen am Sonntag und Feiertagen, ist ein berühmter **mercadillo** mit **puestos** *(Stände)* von **mercancía de segunda mano** *(Gebrauchtwaren)*.

Um zu **ir de tiendas** *(shoppen)* oder **mirar escaparates** *(Schaufensterbummel)* gibt es Geschäfte **en el centro** *(im Zentrum)* jeder Stadt in Spanien. Weltberühmte spanische Modegeschäfte sind dort gut vertreten und besonders frequentiert während **las rebajas** *(Schlussverkauf)*.

Die Öffnungszeiten der Geschäfte sind typischerweise 10:00 bis ca. 14:00 und 17:00 bis ca. 21:00 Uhr. Einkaufszentren, große Geschäfte sowie Geschäfte im Zentrum von Städten haben durchgehend auf.

ABC

Der Begriff **top manta** bezeichnet den Verkauf von Raubkopien und Imitaten auf einer an der Straße ausgelegten Decke (meist durch Immigranten aus Nordafrika).

LÖSUNGEN:

a) **1.** compras, **2.** centro, **3.** tiendas, **4.** rebajas, **5.** ir al rastro, **6.** mercadillo, **7.** puestos, **8.** segunda mano

46 ¿A quién le compras el libro?

Setzen Sie die Pronomen wie im Beispiel.**

- ¿Le compras el libro a Ramón?
* Sí, se lo compro por su cumpleaños.

1. ¿ Me trae la cuenta, por favor?

   Sí, enseguida ______ ______ traigo.

2. ¿ Les mandas las fotos de México por correo?

   Sí, ______ ______ voy a mandar mañana.

3. ¿Le explicas los ejercicios a Mario?

   ¡Claro! ______ ______ explico ahora.

4. ¿Le das el chocolate a los chicos?

   Bueno, ______ ______ doy después de comer, les encanta lo dulce.

5. ¿Tu novia nos prepara una paella?

   Sí, va a ______, es una cocinera excelente.

6. ¿Nos da su número de cuenta, por favor?

   Sí, voy a ______ enseguida, un momentito.

46 Objektpronomen 3. Person

direkt (Akkusativ)	indirekt (Dativ)
lo/los	*le/les*
la/las	*le/les*

Das Objektpronomen steht meistens vor dem konjugierten Verb. Wenn das direkte Objektpronomen (wen/was) vor dem Verb steht und ein indirektes Objekt dazu kommt (wem), wird in der dritten Person **le/les** durch **se** ersetzt.

Das indirekte Objektpronomen steht immer vor dem direkten Objektpronomen.

Le doy el libro. — *Ich gebe ihm/ihr/ihnen/Ihnen das Buch.*

Se lo doy. — *Ich gebe es ihm/ihr/ihnen/Ihnen.*

Bei Sätzen im Infinitiv können die Objektpronomen angehängt werden:
Voy a dar**le** el libro. — *Ich werde ihm/ihr/ihnen/Ihnen das Buch geben.*
Voy a dár**selo.** — *Ich werde es ihm/ihr/ihnen /Ihnen geben.*

LÖSUNGEN:

1. se la, **2.** se las, **3.** Se los, **4.** se lo, **5.** prepárarnosla, **6.** dárselo

47 Dar consejos

Setzen Sie den passenden Ratschlag in der richtigen Verbform unter das entsprechende Bild.**

A Tú (tener que) hablar pronto con el jefe.
B Yo en tu lugar, (pedir), de primero, un potaje de garbanzos.
C Usted (tener que) revisar el coche pronto.
D Yo en tu lugar, (comprobar) primero los acentos.
E Yo en tu lugar, (ir) al médico, con esta fiebre que tienes.
F Tú (tener que) beber agua después del deporte.

1. ____________

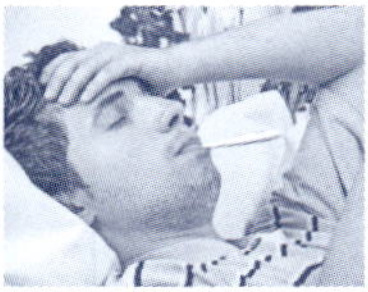

2. ____________

3. ____________

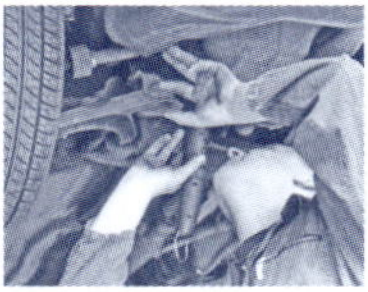

4. ____________

5. ____________

6. ____________

47 Ratschläge geben

Um einen Ratschlag zu geben, sagt man:

Es importante…	*Es ist wichtig …*
Es importante comer fruta.	*Es ist wichtig, Obst zu essen.*
Es mejor…	*Es ist besser …*
Es mejor comer sano.	*Es ist besser, gesund zu essen.*
Tendrías que hacer deporte.	*Du solltest Sport treiben.*
Tendría que hacer deporte.	*Sie sollten Sport treiben.*
Yo en tu/su lugar…	*An deiner/Ihrer Stelle würde ich …*
Yo en tu lugar iría a Chile.	*An deiner Stelle würde ich nach Chile reisen.*
Yo en su lugar iría a Chile.	*An Ihrer Stelle würde ich nach Chile reisen.*

Weitere nützliche Redemittel sind:

Es necesario…	*Es ist notwendig …*
Es importantísimo…	*Es ist äußerst wichtig …*

LÖSUNGEN:

1. b. (pediría), **2.** e. (iría), **3.** a. (tendrías), **4.** c. (tendría), **5.** f. (tendrías), **6.** d. (comprobaría)

48 Me duele mucho

a Welche Beschwerden haben diese Menschen?**

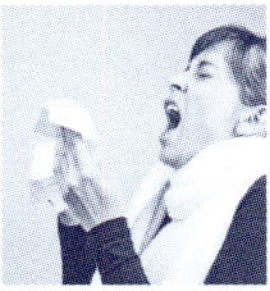

1. ______ **2.** ______ **3.** ______ **4.** ______

A está resfriada – **B** le duelen las muelas – **C** tiene fiebre – **D** tiene tos

b Bringen Sie den Dialog in die richtige Reihenfolge.**

____	**1.** Médico:	¿Le duele algo también?
____	**2.** Médico:	Solo si todavía tiene fiebre.
____	**3.** Médico:	A ver. Sí, la tiene bastante irritada.
____	**4.** Médico	Tiene síntomas de gripe. Descanse mucho.
____	**5.** Paciente	¿Debo guardar cama?
____	**6.** Paciente:	Doctor, me encuentro mal y tengo bastante tos.
____	**7.** Paciente:	Sí, me duele mucho la garganta.
____	**8.** Paciente:	Creo que también tengo fiebre.

48 Beim Arzt

Wenn man **dolencias** *(Beschwerden)* oder **enfermedades** *(Krankheiten)* hat, sollte man in **la consulta de un médico** *(Arztpraxis)* gehen. Hier sind einige nützliche Ausdrücke:

Me encuentro mal/enfermo.	*Ich fühle mich schlecht/krank.*
Tengo fiebre/tos/diarrea.	*Ich habe Fieber/Husten/Durchfall.*
Estoy resfriado, mareado.	*Ich bin erkältet/mir ist schwindelig.*
Me duele la cabeza/la garganta.	*Mir tut der Kopf/der Hals weh.*
Me duelen las muelas/las piernas.	*Mir tun die Zähne/die Beine weh.*
Tengo dolor de cabeza/ barriga/muelas.	*Ich habe Kopf-/Bauch-/ Zahnschmerzen.*

Mögliche **Antworten vom Arzt** sind:

¿Cómo se encuentra?	*Wie fühlen Sie sich?*
¿Qué le duele?	*Tut Ihnen etwas weh?*
Quítese la ropa/la camisa.	*Machen Sie sich frei.*
Guarde cama/reposo.	*Bleiben Sie im Bett/ruhen Sie sich aus.*
Le receto...	*Ich verschreibe Ihnen ...*

ABC

médico de cabecera *Hausarzt* dentista *Zahnarzt*

LÖSUNGEN:

a) **1.** c, **2.** d, **3.** b, **4.** a; b) 6, 1, 7, 3, 8, 4, 5, 2

49 Las partes del cuerpo

a Benennen Sie die Teile des Kopfes.**

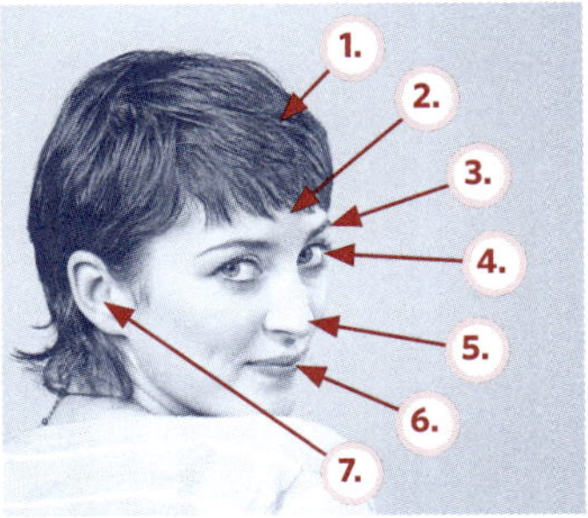

1. ______
2. ______
3. ______
4. ______
5. ______
6. ______
7. ______

b Finden Sie weitere Körperteile.**

P	C	I	N	T	U	R	A	P	E	D
E	T	O	B	I	L	L	O	I	A	C
C	A	D	E	R	A	C	D	E	D	O
H	R	O	D	I	L	L	A	C	O	D
O	M	A	N	O	H	O	M	B	R	O

49 Körperteile

Der menschliche Körper (**el cuerpo humano**) ist unterteilt in:

La cabeza *(Kopf)*, bestehend aus:

los ojos	*Augen*	la nariz	*Nase*
la boca	*Mund*	los labios	*Lippen*
la frente	*Stirn*	las orejas	*Ohren*
las pestañas	*Wimpern*	las cejas	*Augenbrauen*

El tronco *(Rumpf)*, bestehend aus:

el pecho	*Brust*	el hombro	*Schulter*
la cadera	*Hüfte*	la cintura	*Taille*
el vientre	*Bauch*	la espalda	*Rücken*

Las extremidades *(Gliedmaßen)* sind **los brazos** *(Arme)* und **las piernas** *(Beine)*. Teile davon sind:

la mano	*Hand*	la muñeca	*Handgelenk*
el codo	*Ellenbogen*	la rodilla	*Knie*
el pie	*Fuß*	el tobillo	*Knöchel*

Los dedos *(Finger)* sind an Händen: **dedos de las manos** und Füßen: **dedos de los pies** *(Zehen)*.

LÖSUNGEN:

a) **1.** pelo, **2.** frente, **3.** cejas, **4.** ojos, **5.** nariz, **6.** boca, **7.** oreja; b) **von links nach rechts:** cintura, tobillo, cadera, dedo, rodilla, mano, hombro; **von oben nach unten:** pecho, pie, codo

50 El imperativo

a In jeder Zeile passt ein Wort nicht. Welches?**

1. habla | escribe | mira | bebe | mire
2. no coma | no escriba | estudia | beba | coma
3. deme | tráigame | póngame | dígame | dime
4. no habléis | no comáis | no bebáis | no hables
5. visitad | probad | comed | estudiad | estudien
6. hablen | tengan | digan | prueben | llames

b Wählen Sie die richtige Verbform.**

1. Oiga, por favor, **tráiganos/tráenos** otra botella de vino.
2. Por favor señores y señoras **abróchense/abrochaos** los cinturones.
3. Mira, **escríbame/escríbeme** un email, por favor.
4. ¡Hombre!, Juan, ¡ **no comas/no coma** tanto!
5. Señora, **deme/dame** 3 kilos de naranjas para zumo.
6. Oíd chicos, aquí no se puede fumar ¡no **fuméis/no fumen**!

50 Befehlsformen

Der **bejahte Imperativ** wird wie folgt konjugiert:

	hablar *sprechen*	**comer** *essen*	**escribir** *schreiben*
tú	habla	come	escribe
usted	hable	coma	escriba
vosotros/as	hablad	comed	escribid
ustedes	hablen	coman	escriban

Die Pronomen werden an die bejahte Befehlsform angehängt:

Báila**me.** *Tanz mir vor.*

Bei Reflexivverben fällt das **-d** weg:

Lavaos. *Wascht euch.*

Der **verneinte Imperativ** wird wie das Präsens mit vertauschten Vokalen konjugiert:

-ar → -e
mir**a** *(schau)*
no mir**es** *(schau nicht)*

-er/-ir → -a
beb**e** *(trink)*/abr**e** *(öffne)*
no beb**as**/abr**as** *(trink/öffne nicht)*

Beim verneinten Imperativ stehen die Pronomen vor dem Verb:

No **me** llames. *Ruf mich nicht an.*

LÖSUNGEN:

a) **1.** mire, **2.** estudia, **3.** dime, **4.** no hables, **5.** estudien, **6.** llames, b) **1.** tráiganos, **2.** abróchense, **3.** escríbeme, **4.** no comas, **5.** deme, **6.** ¡no fuméis!

51 Zonas climáticas en España

En España hay cinco zonas climáticas:

Clima atlántico *(atlantisches Klima)*: Las temperaturas son suaves. Llueve mucho todo el año. Este clima es típico del norte.

Clima continental *(kontinentales Klima)*: Temperaturas irregulares. Llueve poco. Hay veranos calurosos e inviernos fríos.

Clima mediterráneo seco *(trockenes Mittelmeerklima)*: Muy seco y caluroso. Pocas lluvias. Este clima es típico en el sureste.

Clima mediterráneo *(Mittelmeerklima)*: En la costa mediterránea las temperaturas son suaves en invierno y en verano hace calor.

Clima subtropical *(subtropisches Klima)*: Seco, pero con períodos de lluvia. Temperaturas suaves y constantes. Es el clima de las Islas Canarias.

Finden Sie die richtige Aussage.**

	correcto	falso
1. En toda España el clima es muy seco.	______	______
2. En España el clima es muy variado.	______	______
3. En algunas zonas llueve mucho.	______	______
4. En el sur las lluvias son siempre constantes.	______	______

51 Klimazonen in Spanien

In Spanien gibt es verschiedene Klimazonen (**zonas climáticas**):

Atlantisches Klima: Im grünen Nordspanien (**La España verde**) gibt es geringere Temperaturschwankungen (**temperaturas irregulares**). Der Winter (**invierno**) und der Sommer (**verano**) sind mild (**suaves**) und es gibt häufige Niederschläge (**lluvias**).

Kontinentales Klima: Im Zentrum Spaniens gibt es hohe Temperaturschwankungen. Hier kann es im Winter sehr kalt werden und es fällt Schnee; dagegen kann der Sommer sehr heiß sein.

Mittelmeerklima: An der Mittelmeerküste ist der Winter im Allgemeinen mild und der Sommer erträglich warm. In Katalonien und auf den Balearen herrscht im Sommer eine hohe Luftfeuchtigkeit.

Trockenes Mittelmeerklima: Im Südosten Spaniens ist der Sommer sehr heiß (**caluroso**) und trocken (**seco**). Der Winter ist mild und mit wenig Niederschlag.

Subtropisches Klima: Warmes und trockenes Klima mit Regenperioden. Auf den Kanarischen Inseln ist es normalerweise das ganze Jahr über mild.

LÖSUNGEN:

1. falso, **2.** correcto, **3.** correcto, **4.** falso

52 ¿Qué tiempo hace hoy?

a Ordnen Sie das Wetter den Bildern zu.**

1. ______

2. ______

3. ______

4. ______

5. ______

6. ______

A hace viento – **B** está nevado – **C** hay tormenta –
D hace sol – **E** está nublado – **F** hay niebla

b Was passt nicht? Streichen Sie das Wort durch.**

1. Hace: frío | viento | lluvia | 5 grados.
2. Hay: temperaturas bajas | niebla | calor | tormentas.
3. Hace: sol | mal tiempo | nieve | mucho calor.
4. Está: despejado | soleado | viento | nevando.

52 Wetter und Temperaturen

El **pronóstico del tiempo** *(Die Wettervorhersage):*

Hace ...	*Es ist...*		
buen tiempo	*schönes Wetter*	mal tiempo	*schlechtes Wetter*
calor	*warm*	frío	*kalt*
sol	*sonnig*	viento	*windig*

Hay ...	*Es gibt...*		
nubes	*Wolken*	niebla	*Nebel*
granizo	*Hagel*	nieve	*Schnee*
relámpagos	*Blitz*	truenos	*Donner*
tormenta		*Gewitter/es ist stürmisch*	
temperaturas altas/bajas		*hohe/niedrige Temperaturen*	

Está ...	
despejado/nublado/soleado	*Es ist heiter/wolkig/sonnig.*
lloviendo/nevando/granizando	*Es regnet/schneit/hagelt.*

El tiempo es ...	*Das Wetter ist ...*
frío/caluroso/templado/lluvioso	*kalt/heiß/mild/regnerisch.*

LÖSUNGEN:

a) **1.** d, **2.** f, **3.** b, **4.** e, **5.** a, **6.** c; b) **1.** lluvia, **2.** calor, **3.** nieve, **4.** viento

53 Adverbios con „mente"

Wählen Sie die richtige Form des Adverbs.**

1. Tú siempre haces todo (urgente) ______ .
2. Bueno, ahora podríamos leer (tranquilo) ______ la carta de Angelita.
3. (Normal) ______ nosotros no tenemos nunca problemas con el tráfico.
4. Hablo todavía poco el español, por eso comprendo (difícil) ______ .
5. Por esta calle, todo recto, vais (directo) ______ al hotel.
6. En la recepción nos contestan siempre (amable) ______ .
7. En Galicia, los gallegos hablan (usual) *(normalerweise)* ______ el gallego.
8. El tema está (suficiente) ______ claro, por hoy.
9. (Último) *(in letzter Zeit)* ______ los precios de la gasolina *(Benzin)* suben (enorme) ______ .
10. En la costa, (general) ______ , el viento sopla (fuerte) ______ .

53 Adverbien mit -mente

Adverbien werden von Adjektiven abgeleitet. Sie beziehen sich auf das Verb und werden verwendet, um das Verb näher zu beschreiben.

Ein Adverb wird gebildet, indem an die weibliche Singularform des Adjektivs die Endung **-mente** hinzugefügt wird.

rápida:	→ rápid**amente**	*schnell*

Adjektive, die auf **-e** enden:

amab**le**:	→ amabl**emente**	*zuvorkommend*

Adjektive, die auf **-r** enden:

exterio**r**:	→ exterio**rmente**	*äußerlich*

Adjektive, die auf **-l** enden:

norma**l**:	→ norma**lmente**	*normalerweise*

LÖSUNGEN:

1. urgentemente, **2.** tranquilamente, **3.** normalmente, **4.** difícilmente, **5.** directamente, **6.** amablemente, **7.** usualmente, **8.** suficientemente, **9.** últimamente, enormemente, **10.** generalmente, fuertemente

54 ¿Qué será, será...?

Tragen Sie in die Lücken die passende Form des Verbs im Futur ein.**

Tu horóscopo de Escorpión te dice:

1. En el gimnasio *(Fitnessclub)* (conocer) ______________ al hombre o mujer de tus sueños *(Träume)*.
2. Con tu pareja (vivir) ______________ momentos de gran emoción.
3. Pronto (tener) ______________ una sorpresa muy agradable.
4. Tus problemas económicos (solucionarse) ______________ positivamente y (poder) ______________ pagar tus deudas *(Schulden)*.
5. Esta semana (lograr - *erreichen*) ______________ resultados exorbitantes.

54 Zukunftsformen

Im **futuro** *(Futur)* gibt es nur eine Endung für die drei Verbgruppen, die an die Infinitivform **(trabajar, beber, escribir)** für die jeweilige Person angehängt wird:

yo	**-é**	nosotros/as	**-emos**
tú	**-ás**	vosotros/as	**-éis**
él, ella, ud.	**-á**	ellos/ellas/uds.	**-án**

Pronto trabajar**á** en Madrid.	*Bald wird er/sie in Madrid arbeiten.*
Después escribir**é** a Marga.	*Später werde ich Marga schreiben.*
Mañana comer**emos** paella.	*Morgen werden wir Paella essen.*

Diese Regel gilt auch für die unregelmäßige Formen.

Bei unregelmäßigen Verben im Futur ändert sich der Stamm, aber die Endung bleibt gleich wie bei den regelmäßigen Formen:

decir *(sagen)*	**dir-**	haber *(es gibt)*	**habr-**
hacer *(machen, tun)*	**har-**	poder *(können)*	**podr-**
querer *(wollen)*	**querr-**	tener *(besitzen)*	**tendr-**
salir *(ausgehen)*	**saldr-**	saber *(wissen)*	**sabr-**

LÖSUNGEN:

1. conocerás, **2.** vivirás, **3.** tendrás, **4.** se solucionarán, podrás, **5.** lograrás.

55 ¿Tienen una habitación libre?

Vervollständigen Sie das Telefongespräch mit den Sätzen.**

A ¿Quiere una habitación doble y una individual?
B ¿Cuántas personas van a ser?
C ¿Qué precio tiene la habitación?
D El desayuno tipo buffet es aparte, son 9 Euros por persona.
E Son dos noches y tres personas.
F ¿Podemos estar los tres en una sola habitación?
G para este fin de semana.
H ¿Se incluye el desayuno?

Recepcionista: Hotel Marqués, buenas tardes.

Cliente: ¡Hola, buenas tardes! Quiero hacer una reserva **1.** ______ .

Recepcionista: ¿Para cuántas noches y **2.** ______ ?

Cliente: **3.** ______

Recepcionista: **4.** ______

Cliente: **5.** ______

Recepcionista: Sí, se puede poner una cama supletoria de una plaza.

Cliente: **6.** ______

Recepcionista: Para tres personas y dos noches son 140 Euros.

Cliente: **7.** ______

Recepcionista: **8.** ______

55 Ein Zimmer reservieren

Bei der *Zimmerreservierung* im Hotel **(reservar una habitación de hotel)** kann man folgende Fragen stellen:

Quiero hacer una reserva ...	*Ich möchte eine Reservierung vornehmen ...*
¿Tienen una habitación libre ...?	*Haben Sie ein Zimmer frei ...?*

... para este fin de semana/para el día 22/para el 1 de abril.
... für dieses Wochenende/für den 22./für den 1. April.

... para tres personas/para dos adultos y dos niños.
... für drei Personen/für zwei Erwachsene und zwei Kinder.

¿Tiene la habitación el cuarto de baño con bañera o con ducha?
Hat das Zimmer ein Bad mit Badewanne oder Dusche?

¿Qué precio tiene la habitación individual/doble?
Wieviel kostet das Einzelzimmer/Doppelzimmer?

¿Se incluye el desayuno/el traslado del aeropuerto?
Ist das Frühstück/der Flughafentransfer inklusive?

ABC

media pensión	*Halbpension*	pensión completa	*Vollpension*
todo incluído	*all inclusive*	cama de matrimonio	*Doppelbett*
cama supletoria	*Extrabett*	la cuna	*Babybett*
temporada alta	*Hochsaison*	temporada baja	*Nebensaison*

LÖSUNGEN:

1. g, **2.** b, **3.** e, **4.** a, **5.** f, **6.** c, **7.** h, **8.** d

56 ¡Un viaje perfecto!

Setzen Sie die Verben der Tabelle im Perfekt in die Lücken des Dialogs ein.**

1. (vosotros) hacer. **2.** (nosotros) pasar, ir, volver. **3.** (vosotros) tener, ver. **4.** (nosotros) visitar, ver, pasear, sacar, (yo) comprarme. (3. pers. sing) ser, (tú) estar. **5.** (yo) estar.

1. ¿Qué ____________ este fin de semana?

2. *Pues, ____________ dos días en Zamora, ____________ con amigos, y ____________ hace un rato.

3. ¡ ____________ suerte con el tiempo! ¿Qué ____________ ?

4. * ____________ los Palacios, ____________ muchos monumentos románicos, y ____________ por las orillas del Duero. ____________ muchas fotos. Y ____________ un vestido nuevo. ____________ un viaje perfecto. ____________ alguna vez en Zamora?

5. No, hasta ahora no ____________ allí.

56 Das Perfekt

Das Perfekt wird verwendet, wenn Ereignisse erst vor kurzem stattgefunden haben und noch Auswirkungen in der Gegenwart haben.

Zeitangaben mit Perfekt sind z. B.:

hoy	*heute*
hace un rato	*vor kurzem*
esta mañana/tarde/noche	*heute Morgen/Abend/Nacht*
esta semana	*diese Woche*
este mes/año	*diesen Monat/dieses Jahr*
hasta ahora	*bis jetzt*

Das Perfekt wird mit der Form des Hilfsverbs **haber** und dem Partizip gebildet. Regelmäßige Partizipverben haben nur zwei Endungen:

(habl) -ar = -ado	*sprechen*
(com)-er = -ido	*essen*
(viv) -ir = -ido	*leben*

yo	he	hablado comido vivido
tú	has	
él/ella/usted	ha	
nosotros/as	hemos	
vosotros/as	habéis	
ellos/ellas/ustedes	han	

LÖSUNGEN:

1. habéis hecho. **2.** hemos pasado, hemos ido, hemos vuelto. **3.** habéis tenido, habéis visto. **4.** hemos visitado, hemos visto, hemos paseado, hemos sacado, me he comprado, ha sido, has estado. **5.** he estado.

57 En la recepción del hotel

a Bringen Sie den Dialog in die richtige Reihenfolge.**

___	**A** Cliente:	¿A qué hora es el desayuno?
___	**B** Cliente:	La habitación ya está pagada. Tengo un bono.
___	**C** Cliente:	Tengo una reserva a nombre de Ortiz.
___	**D** Recepcionista:	De 8 a 10 de la mañana. La salida es a las 12.
___	**E** Recepcionista:	Sí, una habitación doble. ¿Cómo desea pagar?
___	**F** Recepcionista:	De acuerdo. Su bono incluye el desayuno.

b Ordnen Sie die Aussagen der Beschwerden den Bildern zu.*

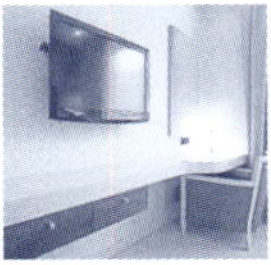

1. ________ **2.** ________ **3.** ________ **4.** ________

A El televisor no funciona. - **B** La habitación es muy oscura.
C La lámpara está rota. - **D** El lavabo está sucio.

57 Ein- und Auschecken im Hotel

Hier sind einige nützliche Ausdrücke zum *Ein-* und *Auschecken* im Hotel (**registrarse en** und **salir de un hotel**):

Tengo una reserva a nombre de ...	*Ich habe eine Reservierung unter dem Namen ...*
He reservado una habitación individual/doble.	*Ich habe ein Einzelzimmer/ Doppelzimmer reserviert.*
¿Cuándo y dónde es el desayuno?	*Wann und wo gibt es Frühstück?*
¿A qué hora es la salida?	*Um wieviel Uhr muss man auschecken?*
La habitación ya está pagada.	*Das Zimmer ist schon bezahlt.*
Tengo un bono.	*Ich habe einen Gutschein.*

Um eine mögliche *Beschwerde* (**queja**) anzubringen, kann man sagen:

La sábana está sucia/rota.	*Das Betttuch ist schmutzig/kaputt.*
El secador no funciona.	*Der Fön funktioniert nicht.*
La habitación es ruidosa/oscura.	*Das Zimmer ist laut/dunkel.*

ABC

la recepción	*Rezeption*	el aparcamiento	*Parkplatz*

LÖSUNGEN:

a) **1.** c, **2.** e, **3.** b, **4.** f, **5.** a, **6.** d. 2) **1.** b, **2.** c, **3.** d, **4.** a.

58 Viajando por España

Ordnen Sie den spanischen Sätzen die Übersetzungen zu.**

1. la taquilla	___	**A** der Zuschlag
2. rellenar el formulario	___	**B** Sitzplatz reservieren
3. el suplemento	___	**C** die Fundstelle
4. el exceso de equipaje	___	**D** der Schalter
5. reservar asiento	___	**E** das Gepäckband
6. el coche-cama	___	**F** die Tankstelle
7. el retraso	___	**G** ein Formular ausfüllen
8. los bultos	___	**H** tanken
9. objetos perdidos	___	**I** Hin- und Rückfahrtticket
10. la cinta transportadora	___	**J** Gepäckstücke
11. la estación de servicio	___	**K** die Verspätung
12. echar gasolina	___	**L** das Übergepäck
13. el billete de ida y vuelta	___	**M** Gepäckaufbewahrung
14. la consigna	___	**N** der Schlafwagen

58 Reisen und Ausflüge

Spanien ist ein Reiseland. Es verfügt über ein sehr gut ausgebautes *Straßennetz* (**red de carreteras**). Das *Fernbusnetz* (**autocares de línea**) ist relativ preisgünstig und ist in größeren wie in kleineren Städten ebenso gut ausgebaut.

Verkehrsverbindungen in Spanien:

Carretera Nacional	*Landstraße*
Autopista (peaje)	*Autobahn (gebührenpflichtig)*
Autovía	*Schnellstraße (gebührenfrei)*
RENFE	*Spanisches Eisenbahnnetz*
Tren de cercanías	*Nahverkehrszug*

Al Andalus Express ist eine Luxusrundreise mit dem Zug durch die schönsten Städte Andalusiens.
Transcantábrico ist eine 1.000 Kilometer lange, faszinierende Luxuszugfahrt durch das Baskenland.

Seit 2005 gibt es verstärkt Geschwindigkeitskontrollen auf Autobahnen und Nationalstraßen. Das Tempolimit auf Autobahnen beträgt 120 km/h.

LÖSUNGEN:

1. d, **2.** g, **3.** a, **4.** l, **5.** b, **6.** n, **7.** k, **8.** j, **9.** c, **10.** e, **11.** f, **12.** h, **13.** i, **14.** m

59 Una ruta por España

Vervollständigen Sie den Text des Reiseangebots.**

A pintorescos - B etapas - C pie - D paisajes - E naturales - F viñas G ofrecemos - H monumentos - I ciudad - J lago - K siglo

Conozca el otro Camino de Santiago: la Vía de la Plata.

Le **1.** _____ una ruta a **2.** _____ en varias **3.** _____ , de Andalucía en el sur a Galicia en el norte, por lugares **4.** _____ y reservas **5.** _____ :

1ª De Sevilla a Mérida, Patrimonio de la Humanidad.

2ª De Mérida a Badajoz, Sede Episcopal *(Bischofssitz)* desde el **6.** _____ VI.

„Anfiteatro romano de Mérida"

3ª Zamora, **7.** _____ a orillas del Duero, con sus palacios renacentistas y **8.** _____ románicos. Visitará Toro, tierra de **9.** _____ , y el Parque Nacional de Sanabria, con el **10.** _____ más grande de España.

La Vía de la Plata con sus fascinantes **11.** _____ le espera.

¡Prepare sus zapatos!

59 Tourismus in Spanien

Spanien ist eines der beliebtesten Reiseländer der Welt mit einer jährlichen Besucherzahl von über 50 Millionen. Seit den 60er-Jahren boomt die *Tourismusindustrie* (**la industria turística**) und heute ist sie eine der Haupteinnahmequellen der Wirtschaft.

Lieblingsreiseziele sind die *Mittelmeerküste* (**la costa del Mediterráneo**), inbesondere *Katalonien* (**Cataluña**) und die Inselgruppen der *Balearen* und *Kanaren* (**Islas Baleares y Canarias**).

Neben dem **Camino de Santiago** *(Jakobsweg)* im Norden bieten andere Routen im Landesinneren, die eher den Einheimischen bekannt sind, wie **Vía de la Plata,** atemberaubende Landschaften und ausgezeichnete Gastronomie.

Die **Via de la Plata** ist der Jakobsweg, der von Sevilla bis Santiago führt. Der Name bedeutet *gepflasterter Weg.* Diese Straße aus der vorrömischen Zeit (mit einer Länge von ca. 1.000 km) war von Anfang an ein wirtschaftlich bedeutender Verkehrsweg, an dem wichtige Kultur- und Kunststätten liegen, deren Schätze bis heute bewundert werden können.

LÖSUNGEN:

1. g, **2.** c, **3.** b, **4.** a, **5.** e, **6.** k, **7.** i, **8.** h, **9.** f, **10.** j, **11.** d

60 ¿Qué están haciendo estas personas?

Was machen diese Personen gerade? Konjugieren Sie die Verben aus der Tabelle und vervollständigen Sie die Sätze.**

servir - dormir - trabajar - probarse - leer - sacar

1. Está ______________ en el jardín.

2. Está ______________ zapatos.

3. Está ______________ dinero.

4. Siguen ______________.

5. Está ______________ un refresco.

6. Está ______________.

60 Verlaufsform estar/seguir+Gerundium

Das **Gerundium** (die Verlaufsform) drückt aus, was die betroffene Person gerade im Moment tut, oder was gerade passiert. Diese Form wird mit dem Verb **estar** als Hifsverb konjugiert.

trabaj**ar** → **está** trabaj**ando**
beb**er** → **está** beb**iendo**
escrib**ir** → **está** escrib**iendo**

Das Reflexivpronomen kann angehängt weden:
Está probándo**se** zapatos. *Sie probiert gerade Schuhe an.*

Seguir + Gerundium bedeutet, dass man etwas weiterhin macht:
Marta **sigue viviendo** en Alemania. *Marta lebt immer noch in Deutschland.*

Unregelmäßige Verben mit Stammvokalwechsel (**e** > **i** und **o** > **u**) übernehmen die Veränderung beim Gerundium, z. B. :
servir → sirviendo *(bedienen)* morir → muriendo *(sterben)*

Vokal + **-iendo** wird zu **-yendo**, z. B.:
ir → yendo
leer → leyendo *(lesen)*
construir *(bauen)* → construyendo

LÖSUNGEN:

1. trabajando, **2.** probándose, **3.** sacando, **4.** durmiendo, **5.** sirviendo, **6.** leyendo

61 Poniéndose guapos

a Benennen Sie die Handlungen zur Körperpflege.**

1. ______ **2.** ______ **3.** ______ **4.** ______

5. ______ **6.** ______ **7.** ______ **8.** ______

b Finden Sie neun Pflegeprodukte in den Wortschlangen.**

1. esibunkamascarillabadotinteésdesebesdrtun

2. alacaestespumalamodasúdescoloretejsheóns

3. ensigekúnsachampúreasuavizanteguísfarem

4. laplondebósemaquillajesciudsúlápizdelabios

61 Körperpflege

Einige Handlungen zur **Körperpflege** lauten:

lavarse	*sich waschen*	ducharse	*duschen*
peinarse	*sich kämmen*	bañarse	*baden*
maquillarse	*sich schminken*	perfumarse	*sich parfümieren*
afeitarse	*sich rasieren*	depilarse	*enthaaren*

lavarse las manos/el pelo/ los dientes	*sich die Hände/die Haare waschen/sich die Zähne putzen*
ponerse oder **echarse desodorante/perfume/maquillaje**	*Deo/Parfüm/Schminke auftragen*

Einige *Pflegeprodukte* (**productos de belleza**) sind:

el champú	*Shampoo*	el suavizante	*Spülung*
el maquillaje	*Make-up*	la sombra de ojos	*Lidschatten*
el colorete	*Rouge*	el lápiz de labios	*Lippenstift*
la mascarilla	*Gesichtsmaske*	el tinte	*Haarfarbe*
la espuma	*Schaum*	la laca	*Lack*

LÖSUNGEN:

a) **1.** ducharse, **2.** peinarse, **3.** bañarse, **4.** afeitarse, **5.** lavarse, **6.** perfumarse, **7.** lavarse los dientes, **8.** lavarse las manos; b) **1.** mascarilla, tinte, **2.** laca, espuma, colorete, **3.** champú, suavizante, **4.** maquillaje, lápiz de labios

62 En la naturaleza

a Was passt nicht? Streichen Sie das Wort durch.**

1. río | mar | montaña | lago
2. volcán | bosque | montaña | meseta
3. selva | desierto| río | bosque
4. roble | palmera | flor | abeto
5. tulipán | arbusto | clavel | rosa

b Schreiben Sie den Namen des jeweiligen Tieres auf.**

1. ____________ 2. ____________ 3. ____________ 4. ____________

5. ____________ 6. ____________ 7. ____________ 8. ____________

62 Landschaft, Pflanzen und Tiere

In der Natur (**la naturaleza**) findet man:

Die *Landschaft* (**el paisaje**):

el bosque	*Wald*	la selva	*Dschungel*	la montaña	*Berg*
el volcán	*Vulkan*	la meseta	*Plateau*	el desierto	*Wüste*
el río	*Fluss*	el lago	*See*	el mar	*Meer*

Pflanzen (**plantas**):

el árbol	*Baum*	el arbusto	*Busch*	la flor	*Blume*
el roble	*Eiche*	la palmera	*Palme*	el abeto	*Tanne*
el clavel	*Nelke*	el tulipán	*Tulpe*	la rosa	*Rose*

Tiere (**animales**):

el gato	*Katze*	el perro	*Hund*
el oso	*Bär*	el pájaro	*Vogel*
la oveja	*Schaf*	el conejo	*Kaninchen*
la oruga	*Raupe*	la mariquita	*Marienkäfer*
la mariposa	*Schmetterling*		

Meistens wird die weibliche Form eines Tieres aus der männlichen abgeleitet: **el cerdo/la cerda** *(Schwein/Sau)*, aber nicht immer: **el caballo/la yegua** *(Pferd/Stute)*.

LÖSUNGEN:

a) **1.** montaña, **2.** bosque **3.** río, **4.** flor, **5.** arbusto; b) **1.** mariposa, **2.** perro, **3.** cerdo, **4.** oso, **5.** mariquita, **6.** pájaro, **7.** oruga, **8.** conejo

63 El pronombre impersonal „se“

Bilden Sie folgende Sätze in der unpersönlichen Form.**

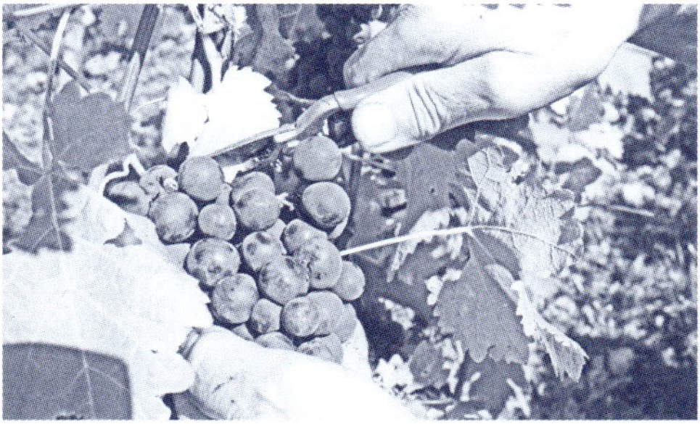

1. En España (cultivar) ______________ mucho vino; es el segundo productor del mundo.

2. ¿Dónde (poder) ______________ aparcar?

3. En España (proteger) *(schützen)* ______________ mucho las reservas nacionales por la importancia ecológica.

4. Aquí no (poder) ______________ fumar *(rauchen)*.

5. En Pereruela (fabricar) ______________ desde siglos *(seit Jahrhunderten)* una cerámica especial.

6. Por Castilla *(Kastilien)* (poder) ______________ hacer excursiones extraordinarias y visitar ciudades de gran interés.

7. Los fines de semana (levantarse) ______________ tarde.

GRAMMATIK

63 Unpersönliche Form se + 3. Person

Die 3. Person der reflexiven Verben (**se**) im Singular oder Plural entspricht dem unpersönlichen man im Deutschen:

¿Cómo se escribe su nombre? — *Wie schreibt man Ihren Namen?*
En España **se habla** español. — *In Spanien spricht man Spanisch.*
En España **se hablan** cuatro lenguas. — *In Spanien spricht man vier Sprachen.*

Reflexivverben werden zusätzlich mit **uno/una** gebildet, wenn der Sprecher sich einschließt:

Uno se preocupa por la contaminación del aire. — *Man macht sich Sorgen wegen der Verschmutzung der Umwelt.*

Mit der 3. Pers. Plural werden Sätze gebildet wie:
Dicen que el español es fácil. — *Man sagt, dass Spanisch einfach sei.*

Andere unpersönliche Formen sind z. B.:
Se tiene que proteger el medio ambiente. — *Man muss die Umwelt schützen.*
Se dice que... — *Man sagt, dass ...*

LÖSUNGEN:

1. se cultiva, **2.** se puede aparcar, **3.** se protegen, **4.** se puede, **5.** se fabrica, **6.** se pueden, **7.** uno se levanta

64 Las regiones españolas

Setzen Sie folgende Vokabeln in die passenden Lücken ein.**

A poder legislativo **B** pequeñas **C** dividida **D** diferentes
E castellano **F** se produce **G** fuentes de ingreso

Según la Constitución Española de 1978, España está **1.** __________ en 17 Regiones o Comunidades Autónomas (CC.AA.).

Todas son muy **2.** __________ entre sí y cada Comunidad Autónoma tiene su presidente y **3.** __________ . Las regiones más **4.** __________ son Cantabria, El País Vasco y La Rioja.

En España se hablan, aparte del **5.** __________ o español, el gallego, el vasco (o euskera) y el catalán.

En muchas poblaciones **6.** __________ vino, famoso en todo el mundo. Andalucía es la Comunidad de mayor extensión. El turismo y la agricultura son importantes **7.** __________ .

64 Spanische Regionen

Die spanische Verfassungsordnung (**Constitución Española**) von 1978 teilt Spanien in 17 **Comunidades Autónomas (CC.AA.)** *(Autonome Regionen)* ein:

Galicia, Principado de Asturias, Cantabria, País Vasco, Navarra, La Rioja, Aragón, Cataluña, Comunidad Valenciana, Región de Murcia, Castilla y León, Comunidad de Madrid, Extremadura, Castilla La Mancha, Andalucía, Islas Baleares y Las Canarias.

Außerdem gibt es zwei autonome Städte (**ciudades autónomas**) an der afrikanischen Küste, **Ceuta und Melilla**.

Diese Regionen sind in etwa vergleichbar mit den deutschen Bundesländern. Jede autonome Region hat eine bestimmte Gesetzgebungsmacht (**poder legislativo**) und einen eigenen Präsidenten (**presidente**). Sie sind sehr unterschiedlich und ihre Unabhängigkeit von der Zentralregierung ist ihnen sehr wichtig. Insbesondere in Katalonien und im Baskenland kommt es daher häufig zu politischen Divergenzen mit Madrid.

Die verschiedenen *Provinzen* (**provincias**) sind in 8111 **municipios** *(Gemeinden)* mit kommunaler *Selbstverwaltung* (**autogobiernos**) unterteilt.

LÖSUNGEN:

1. c, **2.** d, **3.** a, **4.** b, **5.** e, **6.** f, **7.** g

65 Hablamos del pasado

a Wählen Sie die richtige Form der Vergangenheit: **Perfecto** oder **Indefinido**.**

1. En el año 1992 en Barcelona **se celebraron/se han celebrado** los Juegos Olímpicos.
2. "El Quijote" **se escribió/se ha escrito**, aproximadamente, en el año 1605.
3. Este año **se inauguró/se ha inaugurado**, en Mallorca, la primera línea de tren eléctrico solar en España.
4. España **entró/ha entrado** en la Comunidad Europea en 1986.
5. Picasso **nació/ha nacido** en Málaga en el año 1881. **Vivió/Ha vivido** primero en Barcelona y después en París.

b Setzen Sie folgende Wörter in die richtige Reihenfolge.**

1. semana - La - compré - cafetera - la - nueva - pasada - en - Galerías

   ____

2. visitaron - les - Ellos - "El Prado" - mucho - y - gustó

   ____

3. en - empezó - septiembre - Mi - español - curso - de

   ____

65 regelmäßiges Indefinido

Das **Indefinido** wird für eine bestimmte Zeitangabe verwendet, bei welcher die Handlung in der Vergangenheit stattgefunden hat und abgeschlossen ist, z. B.:

ayer	*gestern*	el viernes	*am Freitag*
la semana pasada	*letzte Woche*	en 1992	*1992*
hace dos años	*vor zwei Jahren*		

Hier eine Übersicht der regelmäßigen Verben:

	habl**ar** *sprechen*	com**er** *essen*	escrib**ir** *schreiben*
yo	hablé	comí	escribí
tú	hablaste	comiste	escribiste
él/ella/ud.	habló	comió	escribió
nosotros/as	hablamos	comimos	escribimos
vosotros/as	hablasteis	comisteis	escribisteis
ellos/ellas/uds.	hablaron	comieron	escribieron

LÖSUNGEN:

a) **1.** se celebraron, **2.** se escribió, **3.** se ha inaugurado, **4.** entró, **5.** nació, vivió, b) **1.** La semana pasada compré la cafetera nueva en Galerías. **2.** Ellos visitaron "El Prado" y les gustó mucho. **3.** Mi curso de español empezó en septiembre.

66 De aventuras por la Patagonia

Füllen Sie die Lücken in dem Reisetagebucheintrag.**

A encantaron – **B** tomé – **C** asombró – **D** visité – **E** escaló –
F dijo – **G** hicieron – **H** crucé – **I** pareció

jueves, 5 de enero de 2012

El Calafate, Patagonia, Argentina

El lunes **1.** ______________ la frontera de Chile a Argentina y **2.** ______________ la Ruta 40, una carretera solitaria *(einsam)* en la pampa, para visitar la Cueva de las Manos, con pinturas rupestres que los habitantes **3.** ______________ hace miles de años. ¡Me **4.** ______________ ! Al día siguiente seguí ruta hacia el Parque Nacional de los Glaciares. Me **5.** ______________ impresionante. Un guía me **6.** ______________ que el Cerro Torre es la montaña más difícil de escalar del mundo. Él ya la **7.** ______________ una vez hace muchos años. ¡Qué envidia! Ayer **8.** ______________ el glaciar Perito Moreno. ¡Imponente! Me **9.** ______________ ver caer enormes masas de hielo al agua. ¡Fue inolvidable!

66 Einen Reisebericht schreiben

Der Bericht kann u. a. als Reiseführer (**guía**) oder Tagebuch (**diario**) dargestellt werden und beinhaltet folgende Elemente:

- la fecha *(Datum)*:

5 de enero de 2012	*am 5. Januar 2012*
ayer	*gestern*
la semana pasada	*letzte Woche*

- el lugar *(Ort)*:
  El Calafate, Patagonia, Argentina ...

- los acontecimientos *(Ereignisse)*, im Indefinido erzählt:

Llegué al Calafate.	*Ich kam in Calafate an.*
Alquilé un coche.	*Ich mietete ein Auto.*
Visité el glaciar.	*Ich besichtigte den Eisberg.*

- opiniones *(Meinungen)* y valoraciones *(Bewertungen)*:

Me encantaron/asombró ...	*Mich begeisterten/überraschte ...*
¡Fue inolvidable!	*Es war unvergesslich ...*
¡Qué aventuras!	*Was für ein Abenteuer!*

Los blogs oder **weblogs** (im Volksmund auch **bitácora digital** genannt) sind im Internet im Aufschwung, vor allem Reiseblogs (**blogs de viajes**).

LÖSUNGEN:

1. h, **2.** b, **3.** g, **4.** a, **5.** i, **6.** f, **7.** e, **8.** d, **9.** c

67 Notas sobre Antoni Gaudí

Vervollständigen Sie den Text der Biografie.**

A construyó	**B** murió	**C** dedicó	**D** influyó	**E** conoció
F terminó	**G** empezó	**H** fue	**I** fueron	**J** inspiró
K nació	**L** completó			

Antoni Gaudí **1.** ________ en Reus, (Tarragona). Su padre, su abuelo y su bisabuelo **2.** ________ caldereros *(Kesselschmied)*. Esto **3.** ________ mucho en su profesión.

En el año 1878 **4.** ________ la carrera de arquitecto en Barcelona. Este mismo año **5.** ________ al Conde Güell, su mecenas, y **6.** ________ a trabajar para él. **7.** ________ monumentos muy importantes como, por ejemplo, el Parque Güell. Gaudí siempre se **8.** ________ en la naturaleza, en la mitología y en la astrología.

La obra más importante para él **9.** ________ la Sagrada Familia. **10.** ________ plenamente los últimos años de su vida a esta obra que no **11.** ________ .

Gaudí **12.** ________ atropellado por un tranvía en Barcelona en el año 1919.

67 unregelmäßiges Indefinido

Einige Verben des **unregelmäßigen Indefinido** haben einen eigenen Stamm, die Endungen sind regelmäßig, z.B.:

poder *können*	**saber** *wissen*	**estar** *sein*	**querer** *mögen*	**hacer** *machen*
pude	supe	estuve	quise	hice
pudiste	supiste	estuviste	quisiste	hiciste
pudo	supo	estuvo	quiso	hizo
pudimos	supimos	estuvimos	quisimos	hicimos
pudisteis	supisteis	estuvisteis	quisiteis	hicisteis
pudieron	supieron	estuvieron	quisieron	hicieron

Die Verben **ser** *(sein)* und **ir** *(sich fortbewegen)* haben zwar identische Konjugationsformen, die jeweilige Bedeutung ergibt sich aus dem Zusammenhang im Satz:

yo	fui
tú	fuiste
él/ella/ud.	fue
nosotros/as	fuimos
vosotros/as	fuisteis
ellos/ellas/uds.	fueron

LÖSUNGEN:

1. k, **2.** i, **3.** d, **4.** f, **5.** e, **6.** g, **7.** a, **8.** j, **9.** h, **10.** c, **11.** l, **12.** b

68 Un email de Teresa

Bringen Sie die Teile A - F der E-Mail in die richtige Reihenfolge und füllen Sie die Lücken mit den folgenden Ausdrücken.**

De: teresa.m@esmeil.es

A: inesinesina@vaya.es

Asunto: 1. ________

(__) A. 2. ________ de que no voy a poder asistir, porque tengo que trabajar a esa hora. 3. ________

(__) B. 4. ________ ,

(__) C. La profesora me llamó y 5. ________ que va a ser los jueves a las 7 de la tarde en la escuela y que empieza la semana que viene.

(__) D. 6. ________ Inés:

(__) E. Seguro que os lo vais a pasar también 7. ________ sin mí.

(__) F. Escribo 8. ________ que el curso de tango por fin va a tener lugar porque hay suficientes participantes.

Tere

A Saludos, - **B** para decirte - **C** Querida - **D** ¡Qué lástima!
E Siento informarte - **F** me dijo - **G** muy bien - **H** el curso de tango

68 E-Mails schreiben

Eine *E-Mail* (**el email** oder **correo electrónico**) wird für eine persönliche oder geschäftliche Angelegenheit (**asunto personal** oder **de negocios**) verfasst. Folgende Ausdrücke sind dafür nützlich:

Begrüßung (**el saludo**):

Querida Inés:/Hola Inés:/Inés:	*Liebe Inés,/Hallo Inés,/Inés,*

Hauptteil (**el cuerpo**):

Escribo para decirte que...	*Ich schreibe, um dir zu sagen, dass ...*
Siento informarte de que...	*Leider muss ich dir berichten, dass ...*

Schluss (**la despedida**):

Un saludo/saludos (afectuosos),	*Gruß/(liebe) Grüße*
Con cariño,	*Alles Liebe*

Geschäftskorrespondenz (**la correspondencia comercial**):

Apreciado/estimado Sr. Gil:	*Sehr geehrter/Lieber H. Gil,*
Le escribo en referencia a...	*Ich schreibe Ihnen bezüglich ...*
Atentamente,	*Mit freundlichen Grüßen*

ABC

a/de	*an/von*	**el asunto**	*Betreff*
el nombre de usuario	*Benutzername*	**la contraseña**	*Passwort*

LÖSUNGEN:

Reihenfolge: D, F, C, A, E, B; Lücken: **1.** h, **2.** e, **3.** d, **4.** a, **5.** f, **6.** c, **7.** g, **8.** b

69 El ordenador

a Finden Sie zehn Wörter zum Computer in dem Wortgitter.**

I	N	D	O	C	U	M	E	N	T	O
P	O	R	T	A	T	I	L	A	N	S
C	D	E	A	R	C	H	I	V	O	L
G	I	A	R	C	A	R	P	E	T	A
S	E	R	V	I	D	O	R	G	A	N
S	I	S	T	E	M	A	L	A	J	E
A	D	I	S	C	O	D	U	R	O	A

b Bringen Sie die Buchstaben in die richtige Reihenfolge. Das Bild hilft Ihnen dabei.*

1. ótarn ______________________

2. atnllatpa ______________________

3. vatecols ______________________

4. lecodat ______________________

5. redondaro ______________________

69 Computer

Hier sind einige Wörter zum Thema **Computer:**

el hardware

el disco duro	*Festplatte*	el teclado	*Tastatur*
los altavoces	*Lautsprecher*	el ratón	*Maus*
la pantalla/el monitor	*Bildschirm*	la impresora	*Drucker*

el software

el sistema operativo	*Betriebssystem*	el archivo	*Datei*
el programa	*Programm*	el documento	*Dokument*
el directorio	*Verzeichnis*	la carpeta	*Ordner*
archivo adjunto	*Anhang*	hacer clic	*anklicken*

internet

la red/web	*Web, Netz*	el navegador	*Browser*
navegar	*surfen*	sitio web	*Website*
el servidor	*Server*	el proveedor	*Provider*

In Spanien heißt der *Computer* **el PC** oder **ordenador** (abgeleitet aus dem Französischen) und in Lateinamerika **la computadora** (aus dem Englischen). Der *Laptop* heißt **el portátil.**

LÖSUNGEN:

a) von links nach rechts: documento, portátil, archivo, carpeta, servidor; sistema, disco duro; von oben nach unten: PC, red, navegar; b) **1.** ratón, **2.** pantalla, **3.** altavoces, **4.** teclado, **5.** ordenador

70 Imperfecto

Setzen Sie die Verben in die richtige Form des Imperfekts.**

Juan Ramón Jiménez (ser) **1.** ________________ un poeta lírico. De pequeño ya (ser) **2.** ________________ amante *(Liebhaber)* de la cultura. (Ayudar) *(helfen)* **3.** ________________ siempre a los poetas jóvenes. (Pintar) *(malen)* **4.** ________________ también los paisajes de Andalucía.

En su libro "Platero y yo" *(Platero und ich)* habla de su burrito: Platero (ser) **5.** ________________ pequeño, peludo *(flauschig)* y suave *(weich)* (parecer) **6.** ________________ de algodón *(aus Baumwolle)*. Sus ojos (ser) **7.** ________________ tan negros que (parecer) **8.** ________________ escarabajos *(Käfer)* de cristal negro. Platero (ser) **9.** ________________ muy alegre, le (gustar) **10.** ________________ las mandarinas y los higos *(Feigen)*. (Ser) **11.** ________________ tierno *(feinfühlig)* y mimoso *(zärtlich)* como un niño, pero por dentro (ser) **12.** ________________ muy fuerte. Siempre (acompañar) **13.** ________________ a su amo *(Herrchen)*, y los dos (compartir) **14.** ________________ penas *(Leid)* y alegrías.

GRAMMATIK

70 Imperfekt

Das **imperfecto** wird verwendet, um einen Zustand oder eine Situation in der Vergangenheit zu beschreiben, für wiederholte Handlungen oder Gewohnheiten sowie für die Beschreibung von Personen.

Antes la gente leía más libros.	*Früher lasen die Leute mehr Bücher.*
Platero siempre acompañaba a su amo.	*Platero (ein Eselchen) begleitete immer seinen Herrn und Besitzer.*
Juan Ramón Jiménez era poeta.	*Juan Ramón Jiménez war Poet.*

Regelmäßiges Imperfekt:	**tomar**	**comer**	**vivir**
	nehmen	*essen*	*leben*
yo	tomaba	comía	vivía
tú	tomabas	comías	vivías
él, ella, ud.	tomaba	comía	vivía
nosotros/as	tomábamos	comíamos	vivíamos
vosotros/as	tomábais	comíais	vivíais
ellos, ellas, uds.	tomaban	comían	vivían

!

Unregelmäßiges Imperfekt (es gibt nur diese drei Verben):

ser era, eras, era, éramos, erais, eran

ir iba, ibas, iba, íbamos, ibais, iban

ver veía, veías, veía, veíamos, veíais, veían

LÖSUNGEN:

1. era, **2.** era, **3.** ayudaba, **4.** pintaba, **5.** era, **6.** parecía, **7.** era, **8.** parecían, **9.** era, **10.** gustaban, **11.** era, **12.** era, **13.** acompañaba, **14.** compartían.

71 ¿Indefinido o Imperfecto?

Setzen Sie die richtige Vergangenheitsform der Verben ein.**

1. Cuando yo (ser) __________ niña siempre iba de vacaciones a la finca de mi abuela. La finca (llamarse) __________ „La Josa".
2. Mientras (nosotros - leer) __________ periódico, (sonar) *(läuten)* __________ el teléfono; (ser) __________ Juanito.
3. Antes la gente no (viajar) __________ tanto como hoy y no (hay) __________ tantos coches.
4. ¿Cuándo (llegar) usted __________ a casa (usted - ver) __________ al ladrón *(Dieb)* que (correr) __________ por las escaleras?
5. Ayer (yo - conocer) __________ al primo de Marta que vive en Marbella; tú ya lo (conocer) __________ ¿verdad?
6. Antes las familias (estar) __________ mucho más unidas que ahora y no (hay) __________ tantos divorcios.
7. ¿Cuándo (saber) ustedes __________ que ya no (nosotros - vivir) __________ en Buenos Aires? - Nos lo (decir) __________ ayer Margarita.
8. ¿Cuántos años (vosotros - vivir) __________ en Argentina? (nosotros - vivir) __________ casi dos años.

71 Zeitformen Indefinido/Imperfekt

Während das **Indefinido** sich auf abgeschlossene oder folgende Handlungen bezieht und bei plötzlich eingetretenen Handlungen verwendet wird, dient das **Imperfekt** zur Beschreibung von gewohnheitsmäßigen Handlungen in der Vergangenheit.

Mientras **leía sonó** el teléfono.
Während ich las, klingelte das Telefon.

Je nach Kontext können Imperfecto und Indefinido eine andere Bedeutung haben:

Yo sabía	*Ich wusste*	Yo conocía	*Ich kannte*
Yo supe	*Ich erfuhr*	Yo conocí	*Ich lernte kennen*

Imperfecto wird häufig verwendet mit:

siempre	*immer*	antes	*früher*
normalmente	*normalerweise*	mientras	*während*

LÖSUNGEN:

1. era, se llamaba, **2.** leíamos, sonó, era, **3.** viajaba, había, **4.** llegó, vió, corría, **5.** conocí, conocías, **6.** estaban, había, **7.** supieron, vivíamos, dijo, **8.** vivisteis, vivimos

Wortverzeichnis

A

	a continuación	*folglich*
	a la catalana	*nach katalanischer Art*
	a la gallega	*nach galizischer Art*
	a la vez	*gleichzeitig*
	a las	*um*
	a pie	*zu Fuß*
	a qué hora	*um wieviel Uhr*
el	**abrazo**	*Umarmung*
	abrochar(se) (el cinturón)	*anschnallen (Gurt)*
el	**aceite de oliva**	*Olivenöl*
el	**acento**	*Akzent*
	acompañar	*begleiten*
	acordarse de	*sich an etw./ jdn. erinnern*
	acostarse	*sich hinlegen*
	adónde	*wohin*
	advertir	*jmdn. auf etw. aufmerksam machen*
el	**aeropuerto**	*Flughafen*
	agradable	*angenehm*
la	**agricultura**	*Landwirtschaft*
el	**agua**	*Wasser*
	ahora	*jetzt*
	al contrario	*im Gegensatz*
	al día siguiente	*am nächsten Tag*
	al mes	*pro Monat; monatlich*
	al mismo tiempo	*zur gleichen Zeit*
	al ver	*beim Anblick*
	alegre	*fröhlich*
la	**alegría**	*Freude*
el/la	**alemán, alemana**	*Deutsche/er, deutsch*
	algo	*etwas*
	algún, alguno/a	*irdgendein/e/r*
	alguna vez	*irdgendwann einmal, manchmal*
	allí	*dort*
	Almodóvar, Pedro	*spanischer Regisseur*
	almorzar	*mittagessen*
la	**alternativa**	*Alternative*
	altísimo/a	*sehr hoch*
	alto/a	*hoch*
	amablemente	*freundlicherweise*
el/la	**amigo/a**	*Freund(in)*
	amueblado/a	*möbliert*
el	**año**	*Jahr*
la	**antigüedad**	*Altertum*
	antiguo/a	*antik*
el	**anuncio**	*Annonce*
el	**aparcamiento**	*Parkplatz, Parkhaus*
	aparcar	*parken*
	aparte	*außerdem*
	aproximadamente	*ungefähr, circa, in etwa*
	aquí	*hier*
el	**árbol genealógico**	*Stammbaum*
	Argel	*Algier*
el/la	**argentino/a**	*argentinisch*
la	**aristocracia**	*Aristokratie*
el/la	**arquitecto/a**	*Architekt(in)*
	arquitectónico/a	*architektonisch*
el	**asiento**	*Sitzplatz*
	asistir a	*teilnehmen*
	asombrar	*staunen*
la	**astrología**	*Sternenkunde*
	atractivo/a	*attraktiv*
	atropellar	*überfahren, anfahren*
el	**autobús**	*Autobus*
la	**aventura**	*Abenteuer*
el	**avión**	*Flugzeug*
	avisar	*benachrichtigen*
	azul/es	*blau*

B

	bailar	*tanzen*
el	**barco**	*Schiff*
el	**Barrio Gótico**	*Gotisches Viertel in Barcelona*
la	**basílica**	*Basilika*
la	**batalla**	*Schlacht*
	beber	*trinken*
la	**bebida**	*Getränk*
	besar(se)	*sich küssen*
el	**besito**	*Küsschen*
el	**beso**	*Kuss*
la	**bicicleta**	*Fahrrad*
	bien	*gut*
el	**bienestar**	*Wohlbefinden, Wohlsein*

el	**billete de ida y vuelta**	*Hin- und Rückfahrkarte*
el/la	**bisabuelo/a**	*Urgroßvater, Urgroßmutter*
la	**bisutería**	*Modeschmuck*
	blanco/a	*weiss*
el	**el bono**	*der Gutschein*
	bonito/a	*schön, hübsch*
	bueno	*also gut*
	bueno/a	*gut*
el	**bulto**	*Gepäckstück*
el	**burrito**	*Eselchen*
	buscar	*suchen*

C

	cada	*jede/r/s, alle*
	caer	*fallen*
la	**cafetera**	*Kaffeemaschine; Kaffeekanne*
la	**calle**	*Straße*
el	**calor**	*Hitze, Wärme*
	cambiar	*wechseln*
el	**cambio**	*Wechsel*
el	**camión**	*Lastwagen*
la	**camisa**	*Hemd*
el	**campo de fútbol**	*Fußballstadion*
el/la	**cantante**	*Sänger(in)*
el	**carnaval**	*Karneval*
la	**carrera**	*Studium*
la	**carta**	*Brief; Speisekarte*
la	**casa**	*Haus*
	casado/a	*verheiratet*
el	**casero**	*Vermieter*
	casi	*fast*
el	**castellano**	*spanische Sprache*
	castellano/a	*aus Kastillien*
el	**catalán**	*katalanisch*
la	**catedral**	*Dom*
la	**cebolla**	*Zwiebel*
	celebrar	*feiern*
el	**centro**	*Zentrum*
el	**centro comercial**	*Einkaufszentrum*
la	**cerámica**	*Keramik*
	cerca	*nah, in der Nähe*
	cerrar	*schließen*
el	**Cerro Torre**	*3133 m hoher Berg in Patagonien*
la	**cerveza**	*Bier*
el/la	**chico/a**	*Junge/Mädchen/ junger Mann*
el	**chocolate**	*Schokolade*
	cinco	*fünf*
el	**cine**	*Kino*
la	**cinta transportadora**	*Transportband*
el	**cinturón**	*Gurt*
la	**ciudad**	*Stadt*
	claro	*klar*
el/la	**cliente/a**	*Kunde, Kundin*
el	**clima**	*Klima*
el	**coche-cama**	*Schlafwagen*
el	**cocido**	*Eintopf*
	cocinar	*kochen*
	colombiano/a	*aus Kolumbien*
el	**color**	*Farbe*
	comer	*essen*
	como	*da*
	cómo	*wie*
	comparar	*vergleichen*
	compartir	*teilen*
	completamente	*ganz, völlig*
el	**componente**	*Bestandteil*
la	**compra**	*Einkauf*
	comprar(se)	*kaufen*
	comprender	*verstehen*
	comprobar	*bestätigen*
la	**Comunidad Europea**	*Europäische Gemeinschaft*
	con	*mit*
	concentrarse	*sich konzentrieren*
el	**concierto**	*Konzert*
el	**conde**	*Graf*
el	**consejo**	*Rat*
la	**consigna**	*Gepäckaufbewahrung*
	constante	*ständig*
la	**construcción**	*Bauwerk*
	construir	*bauen*
	contestar	*antworten*
	contra	*gegen*
	cooficial	*amtlich*
la	**copa**	*Weinglas*
	correr	*rennen, laufen*

	correspondiente	*entsprechend*
la	**cosa**	*Ding*
la	**costa**	*Küste*
	creer	*glauben*
la	**crítica**	*Kritik*
	cruzar	*überqueren*
el	**cuadro**	*Bild*
	cuál/es	*welche/r/s*
	cuando	*als*
	cuándo	*wann*
	cuánto/a/s	*wie viele*
	cuatro	*vier*
la	**cuenta**	*Rechnung (im Restaurant); Konto*
el	**cuento**	*Märchen*
la	**Cueva de las Manos**	*"Höhle der Hände" in Argentinien*
	cultivar	*anbauen*
	cultura	*Kultur*
el	**cumpleaños**	*Geburtstag*
	cumplir años	*... Jahre alt werden*
el	**curso**	*Kurs*

D

	dar	*geben*
	de	*von, aus*
	de ... a	*von ... bis*
	de mi parte	*meinerseits*
	de pequeño/a	*als Kind*
	de segunda mano	*aus zweiter Hand*
	deber	*sollen*
	decidir	*entscheiden*
	decir	*sagen*
	dedicar	*widmen*
	delicioso/a	*köstlich*
	dentro	*innen*
	desayunar	*frühstücken*
	descansar	*ausruhen*
	desde	*von, aus, seit, ab*
	desear	*wünschen*
la	**despedida**	*Verabschiedung*
	después	*danach, später*
el	**desvío**	*Umleitung*
el	**día**	*Tag*
el	**Día de la Constitución**	*Feiertag der spanischen Verfassung*
el	**Día de la Merced**	*Feier der Schutzheiligen der Stadt Barcelona*
el	**Día de Todos los Santos**	*Allerheiligen*
el	**Día del Libro**	*Tag des Buches am 23. April*
	diez	*zehn*
	diferente	*anders, unterschiedlich*
	difícil	*schwer*
	difícilmente	*schwierig*
el	**dinero**	*Geld*
	directamente	*direkt*
	directo	*direkt*
la	**discoteca**	*Diskothek*
	disponer	*verfügen*
	diverso/a	*verschieden*
	dividir	*teilen*
el	**divorcio**	*Scheidung*
	doler	*schmerzen, weh tun*
el	**dominio**	*Internet-Domain*
	donde	*wo*
	dónde	*wo*
	dormir	*schlafen*
	dos	*zwei*
	ducharse	*duschen*
el	**Duero**	*Duero (Fluss)*
	dulce	*süß*
	durante	*während*

E

	echar gasolina	*tanken*
	ecológico/a	*ökologisch*
	económico/a	*wirtschaftlich*
el	**edificio**	*Gebäude*
	él	*er*
	"El Prado"	*Prado-Museum in Madrid*
	eléctrico/a	*elektrisch*
	ella/s	*sie*
	ellos/as (Pl.)	*sie, ihnen*
el	**email**	*E-Mail*
la	**emoción**	*Emotion*

	empezar	*beginnen*
	en	*in, auf, an*
	en punto	*Punkt*
	en todo el mundo	*weltweit*
	en una ocasión	*bei einer Gelegenheit*
	encantar	*begeistern, mögen*
el/la	**enemigo/a**	*Feind(in)*
	enormemente	*äußerst viel*
la	**ensaimada**	*mallorquinisches Gebäck*
	enseguida	*sofort*
	enseguida va!	*komm sofort*
	entonces	*dann*
la	**entrada**	*Eintrittskarte*
	entrar	*eintreten*
	entre	*zwischen*
	entre sí	*unter sich*
la	**envidia**	*Neid*
la	**época**	*Epoche*
	escalar	*klettern*
la	**escalera**	*Treppe*
el	**escaparate**	*Schaufenster*
	Escorpión	*Skorpion (Sternzeichen)*
	escribir	*schreiben*
el/la	**escritor/a**	*Autor(in)*
el	**escudero**	*Diener*
	eso	*das ganze Jahr*
el/la	**español/a**	*spanisch; Spanier(in)*
la	**especia**	*Gewürz*
	especial	*speziell*
	esperar	*warten, erwarten*
	esta noche	*heute Abend/Nacht*
la	**estación**	*Bahnhof*
la	**estación de servicio**	*Tankstelle*
la	**estación del año**	*Jahreszeiten*
	estar	*sich befinden*
el	**este**	*Osten*
	este/a	*diese/r/s*
	estudiar	*studieren, lernen*
la	**etapa**	*Strecke*
	excelente	*ausgezeichnet*
el	**exceso de equipaje**	*Übergepäck*
la	**excursión**	*Ausflug*
	exorbitante	*außerordentlich*
	explicar	*erklären*
la	**exposición**	*Ausstellung*
la	**extensión**	*Umfang*
	extraordinario/a	*außergewöhnlich*

F

	fabricar	*herstellen*
	famoso/a	*berühmt*
la	**farmacia**	*Apotheke*
	fascinante	*zauberhaft, faszinierend*
la	**fiebre**	*Fieber*
la	**fiesta**	*Feier; Feiertag*
el	**fin de semana**	*Wochenende*
el	**final**	*Ende*
la	**finca**	*Landsitz*
la	**flor**	*Blume*
el	**formulario**	*Formular*
la	**foto**	*Foto*
	frecuente(mente)	*oft*
	frío	*kalt*
la	**frontera**	*Grenze*
la	**fruta**	*Obst*
la	**fuente de ingreso**	*Einkommensquelle*
	fuerte	*stark*
	fuertemente	*sehr stark*
el/la	**fumador/a**	*Raucher(in)*
	fumar	*rauchen*
	funcionar	*funktionieren*

G

el/la	**gallego/a**	*Galizisch(e): Galizier(in), galizisch*
el	**gazpacho**	*kalte Gemüsesuppe*
	generalmente	*im Allgemeinen*
la	**gente**	*Leute*
el	**glaciar**	*Gletscher*
	gracias	*danke*
el	**gran interés**	*großes Interesse*
	gran/grande	*groß, bedeutend*
la	**gripe**	*Grippe*
	grueso	*dick, stark*
	Guernica	*Stadt in Spanien; Bild von Pablo Picasso*
el/la	**guía**	*Reiseführer(in)*

H

el/la	**habitante**	*Einwohner(in)*
	hacer	*machen, tun*
	hasta	*bis*
	hasta ahora	*bis jetzt*
el	**hecho**	*Tatsache*
el	**hidalgo**	*Edelmann*
el	**hielo**	*Eis*
la	**historia**	*Geschichte*
las	**historías de caballería**	*Ritterromane*
	¡Hola, Buenas!	*Hallo, Guten Tag!*
el	**hombre**	*Mann, Mensch!*
el	**horóscopo**	*Horoskop*
	hoy	*heute*
el	**humor**	*Humor*

I

	ibérico/a	*Iberisch*
	idealista	*Idealist*
el	**idioma**	*Sprache*
	imponente	*eindrucksvoll*
la	**importancia ecológica**	*ökologische Bedeutung*
	importante	*wichtig*
	impresionante	*eindrucksvoll*
	impulsar	*motivieren*
	inaugurar	*einweihen*
	incluir	*hinzufügen*
	influir	*beeinflussen*
	ingenioso	*geistreich*
	inolvidable	*unvergesslich*
	inspirar(se)	*(sich) inspirieren*
el	**interés**	*Interesse*
	interesante	*interessant*
	internacional	*international*
el	**invierno**	*Winter*
	ir	*gehen, fahren*
	ir de compras	*Einkaufsbummel*
la	**ironía**	*Ironie*
	irritado/a	*gereizt*
	irse	*weggehen; verlassen*

J

el	**jamón (Ibérico)**	*(Luft getrockneter) Schinken*
el	**jardín**	*Garten*
el	**jefe**	*Chef*
	joven	*jung*
los	**Juegos Olímpicos**	*Olympische Spiele*
	junto/a/s	*zusammmen*

K

el	**kilo(gramo)**	*Kilo(gramm)*

L

el	**lado**	*Seite*
el	**lago**	*See*
	Las Fallas	*Festivitäten in Valencia 19. März*
	latino/a	*aus Lateinamerika*
	le/les	*ihm/ihr/Ihnen*
	leer	*lesen*
la	**lengua**	*Sprache*
	levantarse	*aufstehen*
el	**libro**	*Buch*
el	**limón**	*Zitrone*
la	**línea de tren**	*Zuglinie*
el	**litro**	*Liter*
	llamar	*rufen, anrufen*
	llegar	*ankommen*
	lleno/a	*voll*
	llevar	*hinbringen, tragen*
	llevar(se)	*mitnehmen*
	llover	*regnen*
la	**lluvia**	*Regen*
la	**lucha**	*Kampf*
	luchar	*kämpfen*
el	**lugar**	*Ort*
el	**lujo**	*Luxus*

M

	madrileño/a	*Madrider(in)*
	mañana	*Morgen, morgen, vormittags*
	mandar	*schicken, senden*
la	**mandarina**	*Mandarine*
la	**mano**	*Hand*
el	**mar**	*Meer*
	marcar	*prägen*
	más	*mehr*
	más tarde	*später*
la	**masa helada**	*Eismasse*
el	**masaje**	*Massage*

	mayor	*größer; älter*
	me	*mich, mir*
el/la	**mecenas**	*Mäzen, Sponsor*
	mediano/a	*mittel*
	medieval	*mittelalterlich*
	medio/a	*halb*
	medir	*messen*
el	**Mediterráneo**	*Mittelmeer*
	mediterráneo/a	*mediterran*
	mejor	*besser*
el	**melón**	*Melone*
	menos	*weniger*
el	**mes**	*Monat*
la	**mesa**	*Tisch*
la	**meseta**	*Hochebene*
el	**metro**	*U-Bahn*
	mí	*mich, mir*
	mi/s	*mein/e*
	mientras	*während*
	mil	*tausend*
	mismo/a	*selbst, genauso*
la	**mitología**	*Mythologie*
	moderno/a	*modern*
	molestar	*stören*
el	**molino de viento**	*Windmühle*
el	**momentito**	*kleiner Augenblick*
el	**momento**	*Augenblick*
la	**montaña**	*Berg*
	montar a caballo	*reiten*
el	**monumento**	*Monument*
el	**monumento románico**	*romanisches Monument*
	morir	*sterben*
la	**motocicleta**	*Mofa*
	mover(se)	*(sich) bewegen*
	mucho/a/s	*viel/e*
	mudarse	*umziehen*
la	**mujer**	*Frau*
	multicultural	*multikulturell*
	mundial	*weltweit*
el	**mundo**	*Welt*
la	**música**	*Musik*
el/la	**músico/a**	*Musiker(in)*
	muy	*sehr*

N

	nacer	*geboren werden*
	nada más	*nichts weiter*
	navegar por internet	*im Internet surfen*
	Navidad/es	*Weihnachten*
	necesitar	*brauchen, benötigen*
	nervioso	*nervös*
	nevado/a	*verschneit*
el/la	**niño/a**	*Kind*
	no	*nein*
la	**Nochebuena**	*Heiligabend*
la	**Nochevieja**	*Silvester*
	normalmente	*normalerweise*
el	**norte**	*Norden*
	nos	*uns*
	nos vemos	*wir sehen uns*
	nosotros/as	*wir*
el/la	**novio/novia**	*Bräutigam, Braut; Freund(in)*
	nuestro/a	*unser/e*
	nueve	*neun*
	nuevo/a	*neu*
el	**número de cuenta**	*Kontonummer*
	nunca	*nie*

O

	Objetos Perdidos	*Fundstelle*
la	**obra**	*Werk*
la	**ocasión**	*Gelegenheit*
	ocho	*acht*
la	**oficina**	*Büro*
	ofrecer	*anbieten*
	oír	*hören*
el	**ojo**	*Auge*
	orientarse	*sich orientieren*
la	**orilla**	*Ufer*
	os	*euch*
	oscuro/a	*dunkel*
	otro/a	*ein anderer/es, eine andere*

P

el/la	**paciente**	*Patient(in)*
la	**paella**	*Reispfanne/ Nationalgericht*
	pagar	*bezahlen*
el	**país**	*Land*
el	**paisaje**	*Landschaft*

el	**paisaje natural**	*Naturlandschaft*
el	**palacio**	*Palast*
los	**pantalones**	*Hose*
el	**par**	*Paar*
	para	*für, zu*
la	**parada**	*Haltestelle*
	parecer	*scheinen*
la	**pareja**	*Paar, Pärchen*
el	**Parque Güell Park Güell in BCN**	*Park Güell in Barcelona*
el	**parque nacional Nationalpark**	*Nationalpark*
la	**parte**	*Teil*
la	**parte sentimental**	*sentimentaler Aspekt*
el	**participante**	*Teilnehmer*
el	**pasado**	*Vergangenheit*
el	**pasaporte**	*Reisepass*
	pasar	*verbringen/ geschehen/ vorbeigehen*
	pasarlo bien	*sich amüsieren; Spaß haben*
la	**Pascua**	*Ostern*
	pasear	*spazierengehen*
la	**patata**	*Kartoffel*
ell	**Patrimonio de la Humanidad**	*Weltkulturerbe*
	pedir	*bestellen*
la	**película**	*Film*
el	**pelo**	*Haar*
	pensar	*denken, vorhaben*
	pequeño/a	*klein*
la	**pera**	*Birne*
	perder	*verlieren*
	Pereruela	*Keramikzentrum in Kastilien*
	perfectamente	*perfekt*
	perfecto	*perfekt*
el	**periodo**	*Zeitspanne*
	pero	*aber*
la	**persona**	*Person*
la	**personalidad**	*angesehene Person*
	pintoresco/a	*malerisch*
la	**pintura rupestre**	*Wandmalerei*
el	**piso**	*Wohnung*
la	**pista**	*Piste*
el	**plato**	*Teller; Gericht*
la	**playa**	*Strand*
la	**plaza**	*Platz*
la	**población**	*Ortschaft*
	poco/a	*wenig, gering*
el	**poder**	*können: (Macht)*
la	**poesía**	*Gedicht*
	poner	*legen, setzen, hinstellen*
	ponerse guapo/a	*sich hübsch machen*
	popular	*beliebt*
	por	*für, mitten durch, mittels*
	por aquí	*hier (in der Nähe)*
	por correo	*per Post*
	por dentro	*innerlich*
	por ejemplo	*zum Beispiel*
	por eso	*deswegen*
	por excelencia	*schlechthin*
	por favor	*bitte*
	por fin	*endlich*
	por hoy	*für heute*
	por suerte	*zum Glück*
	por un lado	*einerseits*
	porque	*weil*
	positivamente	*positiv*
el	**potaje de garbanzos**	*Kichererbseneintopf*
el	**precio**	*Preis*
	preferir	*bevorzugen, vorziehen*
	preparar	*vorbereiten*
	presentar a	*jmdn. vorstellen*
	primer(o)/a	*erste/r/s*
el/la	**prisionero/a**	*Gefangene/r*
el	**probador**	*Ankleidekabine*
	probar	*schmecken*
	probarse	*anprobieren*
el	**problema**	*Problem*
	producir	*herstellen*
el/la	**productor/a**	*Hersteller(in)*
la	**profesión**	*Beruf*
el/la	**profesor/a**	*Lehrer(in)*
	próximo/a	*nächste, bevorstehende*
el	**pueblo**	*Dorf*
	pues	*nun, denn*

Q

	que	*dass. der/die, das, den/dem*
	qué	*was, wie, welche/r/s*
	¡qué lástima!	*wie schade*
	quedar bien	*gut stehen*
	quedarse	*bleiben*
	querer	*wollen; lieben*
	querido/a	*lieber/e*

R

	rápido/a	*schnell*
el	**rato**	*Weile*
la	**recepción**	*Rezeption*
el/la	**recepcionista**	*Rezeptionist(in)*
la	**receta**	*Kochrezept; Rezept*
	recibir	*empfangen, bekommen*
	recomendar	*empfehlen*
el	**recuerdo**	*Andenken, Souvenir*
el	**refresco**	*Erfrischungsgetränk*
	regresar	*zurückkehren*
	relajarse	*sich entspannen*
	rellenar el formulario	*Formular ausfüllen*
	renacentista	*aus der Renaissance*
el	**Renacimiento**	*Renaissance*
	reparar	*reparieren*
la	**reserva nacional**	*Naturschutzgebiet*
la	**reserva natural**	*Naturschutzgebiet*
	reservar asiento	*Sitzplatz reservieren*
el	**restaurante**	*Restaurant*
el	**resultado**	*Ergebnis*
el	**retraso**	*Verspätung*
	revisar	*überprüfen*
	rizado	*lockig*
	rojo/a	*rot*
	romper	*zerbrechen*
la	**ropa**	*Kleidung*
la	**ruta**	*Route*
la	**Ruta 40**	*5224 km lange Straße in Südamerika*

S

	saber	*wissen*
la	**sabiduría**	*Weisheit*
	sacar (fotos)	*fotografieren*
	sacar dinero	*Geld abheben*
la	**Sagrada Familia**	*Basilika von Antoni Gaudí en Barcelona*
la	**sal**	*Salz*
la	**sala**	*Saal*
	salir	*ausgehen/rausgehen*
el	**saludo**	*Gruß*
	San Fermín/Sanfermines	*Stierrennen in Pamplona*
	seco/a	*trocken*
	seguir	*folgen, fortfahren*
	según	*laut, gemäß*
	segundo/a	*zweite/r/s*
	seis	*sechs*
la	**semana**	*Woche*
la	**semana que viene**	*nächste Woche*
el/la	**señor/a**	*Herr/Frau*
	si	*ob*
	sí	*ja*
	siempre	*immer*
	siete	*sieben*
el	**siglo**	*Jahrhundert*
	sin	*ohne*
el	**síntoma**	*Symptom*
el	**soldado**	*Soldat*
	solo	*nur*
	solucionar	*lösen*
	sonar	*läuten, klingeln*
	soplar	*blasen*
la	**sorpresa**	*Überraschung*
	su/s	*sein/e, ihr/e, Ihr/e*
	suave	*mild*
	subir	*steigen*
	sucio/a	*dreckig, schmutzig*
	suerte	*Glück*
	suficiente/s	*genug/genügend*
	suficientemente	*ausreichend*
	súper bien	*super*
el	**supermercado**	*Supermarkt*
el	**suplemento**	*Zusatz*
el	**sureste**	*Südosten*

T

la	**talla**	*Größe*

el	**taller**	*Werkstatt*
	también	*auch*
	tanto/a	*so viel/e*
la	**taquilla**	*Schalter*
	tarde	*Nachmittag, Abend; spät*
	te	*dich, dir*
el	**teatro**	*Theater*
el	**tema**	*Thema*
la	**temperatura**	*Temperatur*
	temprano	*früh*
	tener ganas (de)	*Lust haben auf*
	tener lugar	*stattfinden*
	tener que	*müssen*
	tercer(o)/a	*dritter*
	terminar	*beenden*
el	**tiempo**	*Wetter; Zeit*
la	**tienda de ropa**	*Bekleidungsgeschäft*
la	**tierra**	*Landschaft*
	típico/a	*typisch*
	tocar	*anfassen*
	todavía	*noch*
	todo	*alles, ganz, völlig*
	todo el año	*das ganze Jahr*
	todo el día	*den ganzen Tag*
	todo/a	*jede/r/s, alle*
	tomar	*nehmen, zu sich nehmen*
el	**tomate**	*Tomate*
	trabajar	*arbeiten*
el	**trabajo**	*Arbeit*
	traer	*bringen*
el	**tráfico**	*Verkehr*
	tranquilamente	*gemütlich, in Ruhe*
el	**tranvía**	*Straßenbahn*
el	**tren**	*Zug*
el	**tren eléctrico solar**	*Solar-Zug*
	tres	*drei*
	tú	*Du*
	tu/tus	*dein/e*
el	**turismo**	*Tourismus*
el/la	**turista**	*Tourist(in)*

U

	últimamente	*letztlich*
	último/a	*letzte/r/s*
	un día	*eines Tages*
	un(o)/a	*eine/r/s*
	único/a	*einzig*
	unido/a	*vereint*
la	**universidad**	*Universität*
	universitario/a	*universitäts-*
	urgente	*eilig*
	urgentemente	*sehr eilig*
	usted/es	*Sie*
	usualmente	*üblich*

V

el	**vale**	*Gutschein*
	¡vale!	*okay*
	variado	*unterschiedlich*
	vario/a	*verschiedene*
	vasco/a	*Baskisch(e)*
el/la	**vendedor/a**	*Verkäufer(in)*
	venir	*kommen*
la	**ventana**	*Fenster*
	ver	*sehen*
	ver la tele(visión)	*fernsehen*
el	**verano**	*Sommer*
	¿verdad?	*nicht wahr?*
el	**vestido**	*Kleid*
la	**vez**	*Mal*
	viajar	*reisen*
el	**viaje**	*Reise*
la	**vida**	*Leben*
	viejo/a	*alt*
la	**viña**	*Weinberg*
el	**vino**	*Wein*
el	**vino tinto (de la casa)**	*roter Hauswein*
	visitar	*besuchen*
	volar	*fliegen*
	vosotros/as	*Ihr*
la	**vuelta**	*Wechselgeld; Rückkehr*

Y

	y	*und*
	yo	*ich*

Z

el	**zapato**	*Schuh*
la	**zona**	*Gebiet*
el	**zumo**	*Saft*

BILDNACHWEIS

Seite 9, Übung 1: 1. istockphoto.com/ Neustockimages, 2. istockphoto.com/ Thomas_EyeDesignThomas_EyeDesign, 3. fotolia.de/ Phoenixpix, 4. shutterstock.com/ StockLite, 5. istockphoto.com/ YinYang, 6. istockphoto.com/ aldomurillo, 7. fotolia.de/ pressmaster, 8. fotolia.de/ michaeljung, 9. fotolia/ Monkey Business • **Seite 15**, Übung 4a: 1. istockphoto.com/ alle12, 2. istockphoto.com/ edfuentesg, 3. fotolia.de/ Jean-Paul Comparin, 4. fotolia.de/ Dario Sabljak, 5. shutterstock.com/ Brasiliao, 6. thinkstockphotos.com/ iStockphoto, • **Seite 19**, Übung 6: fotolia.de/ Monkey Business • **Seite 21**, Übung 7 oben: fotolia.de/ gerald schilling, 1. istockphoto.com/ Abel Mitja Varela, 2. istockphoto.com/ 2 Lightboxes, 3. fotolia.de/ Doris Heinrichs, 4. istockphoto.com/ varius-studios, 5. istockphoto.com/ Chris Fertnig, 6. thinkstockphotos.com/ istockphoto • **Seite 25**, Übung 9a: 1. fotolia.de/ Piotr Marcinski, 2. thinkstockphotos.com/ istockphoto, 3. shutterstock.com/ sokolovsky, 4. shutterstock/ Andrey Arkusha • **Seite 25**, Übung 9b: thinkstockphotos.com/ iStockphoto • **Seite 27**, Übung 10a: fotolia.de/ rab • **Seite 29**, Übung 11a: 1. istockphoto.com/ Cristian Lazzari, 2. fotolia.de/ Designer_Andrea, 3. shutterstock.com/ StockLite, 4. shutterstock.com/ Deklofenak • **Seite 31**, Übung 13: shutterstock.com/ Carolina • **Seite 37**, Übung 15a: 1. istockphoto.com/ Yuri_Arcurs, 2. istockphoto.com/ Cristian Lazzari, 3. istockphoto.com/ Wilson Valentin, 4. fotolia.de/ siart, 5. istockphoto.com/ Joselito Briones, 6. istockphoto.com/ iofoto • **Seite 39**, Übung 16: . shutterstock.com/ Valeriy Velikov, 2. shutterstock.com/ Monkey Business Images, 3. shutterstock.com/ Alexander Raths, 4. fotolia.de/ drubig-photo, 5. shutterstock.com/ vgstudio, 6. fotolia.de/ pressmaster • **Seite 49**, Übung 21a: 1. fotolia.de/ Sylvain Bouquet, 2. shutterstock.com/ Gordon Swanson, 3. istockphoto.com/ Karl-Friedrich Hohl, 4. Stefan Theurer, Eningen, 5. fotolia.de/ Robert Wilson, 6. thinkstockphotos.com/ Medioimages/ Photodisc • **Seite 51**, Übung 22: 1. fotolia.de/ philipus, 2. fotolia.de/ Antony McAulay, 3. fotolia.de/ Andrew Barker, 4. fotolia.de/ Andreas Safreider, 5. shutterstock.com/ César Navarro Bustos, 6. istockphoto.com/ Duncan Walker, 7. istockphoto.com/ graham heywood, 8. shutterstock.com/ Tupungato, 9. shutterstock.com/ Greg Benz • **Seite 53**, Übung 23: 1. fotolia.de/ Witchcraft, 2. istockphoto.com/ himalaja, 3. thinkstockphotos.com/ Getty Images, 4. fotolia.de/ Albert Schleich, 5. fotolia.de/ yo camon, 6. fotolia.de/ Anastasiya Shanhina • **Seite 55**, Übung 24: shutterstock.com/olly • **Seite 57**, Übung 25: 1. shutterstock.com/ Alain Lauga, 2. fotolia.de/ HappyAlex, 3. shutterstock.com/ Losevsky Pavel, 4. fotolia.de/ Solovieva Ekaterina, 5. fotolia.de/ Simone van den Berg, 6. fotolia.de/ Papirazzi • **Seite 59**, Übung 26: 1. fotolia.de/ ralphoto, 2. fotolia.de/ volff, 3. fotolia.de/ Marius Necula, 4. shutterstock.com/ Valentyn Volkov, 5. fotolia.de/ Alexey Smirnov, 6. istockphoto.com/ Peter Short, 7. fotolia.de/ Andrey Armyagov, 8. fotolia.de/ Yana, 9. fotolia.de/ matka_Wariatka • **Seite 61**, Übung 27a: istockphoto.com/ Factoria singular fotografia • **Seite 63**, Übung 28: 1. fotolia.de/ DocEver, 2. shutterstock.com/DUSAN ZIDAR, 3. istockphoto.com/ Liv Friis-Larsen, 4. fotolia.de/ volff, 5. fotolia.de/ angelsimy • **Seite 65**, Übung 29a: 1. istockphoto.com/ Luc Meaille, 2. fotolia.de/ style67, 3. fotolia.de/ Joe Gough, 4. fotolia.de/ arsdigital.de, 5. fotolia.de/ Ioan Veres, 6. fotolia.de/ Andrey Sheldunov, 7. fotolia.de/ MARK BOND, 8. fotolia.de/ Joe Gough • **Seite 65**, Übung 29b: shutterstock.com/ 1971yes • **Seite 69**, Übung 31: istockphoto.com/ cunfek • **Seite 71**, Übung 32a rechts: fotolia.de/ Carlito, links: fotolia.de/ Robert Wilson, Übung 32b: fotolia.de/ Kalle Kolodziej • **Seite 73**, Übung 33a: istockphoto.com/ Micah Weber • **Seite 75**, Übung 34: 1. fotolia.de/ lolipep, 2. istockphoto.com/ olaser, 3. istockphoto.com/ absolut_100, 4. shutterstock.com/ Jarno Gonzalez Zarraonandia, 5. istockphoto.com/ Courtney Navey, 6. istockphoto.com/ YinYang • Seite 77, Übung 35b: fotolia.de/ Elenathewise • **Seite 79**, Übung 36b: 1 . fotolia.de/ Moremi, 2. fotolia.de/ drubig-photo, 3. shutterstock.com/ Iakov Filimonov, 4. shutterstock.com/ RadVila, 5. fotolia.de/ JIM RYCE, 6. fotolia.de/ Christian Schwier • **Seite 83**, Übung 38: fotolia.de/ fotografci • **Seite 87**, Übung 40: 1. shutterstock.com/ wavebreakmedia ltd, 2. shutterstock.com/ wavebreakmedia ltd, 3. shutterstock.com/ fotoluminate, 4. fotolia.de/ shotsstudio, 5. shutterstock.com/ Bartosz Ostrowski, 6. istockphoto.com/ Joshua Hodge • **Seite 89**, Übung 41a: 1. istockphoto.com/ Catherine Yeulet, 2. istockphoto.com/ Nikada, 3. fotolia.de/ Roman Milert, 4. fotolia.de/ Robert Kneschke, 5. shutterstock.com/ Nemida, 6. istockphoto.com/ KarenMower • **Seite 91**, Übung 42a: 1. shutterstock.com/ Karkas, 2. shutterstock.com/ Gulei Ivan, 3. shutterstock.com/ Karkas, 4. shutterstock.com/ kedrov, 5. shutterstock.com/ Kayros Studio „Be Happy!", 6. shutterstock.com/ Karkas, 7. shutterstock.com/ Gemenacom, 8. shutterstock.com/ Evangelos • **Seite 93**, Übung 43: shutterstock.com/ Yuri Arcurs • **Seite 97**, Übung 45: shutterstock.com/ jbor • **Seite 101**, Übung 47: 1. shutterstock.com/ Irina Magrelo, 2. shutterstock.com/ Blaj Gabriel, 3. shutterstock.com/ Deklofenak, 4. fotolia.de/ jörn buchheim, 5. fotolia.de/ beerfan, 6. fotolia.de/ AVAVA • **Seite 103**, Übung 48a: 1. fotolia.de/ drubig-photo, 2. istockphoto.com/ clearstockconcepts, 3. istockphoto.com/ Imelda Kiss, 4. fotolia.de/ drubig-photo • **Seite 105**, Übung 49a: shutterstock.com/ AISPIX • **Seite 111**, Übung 52a: 1. fotolia.de/ Galyna Andrushko, 2. fotolia.de/ veneratio, 3. shutterstock.com/ Michael Higginson, 4. istockphoto.com/ gremlin, 5. fotolia.de/ silviaantunes, 6. fotolia.de/ Raffalo, 7. fotolia.de/ Jeff, 8. fotolia.de/ Paul Lampard • **Seite 115**, Übung 54: fotolia.de/ macromagnon • **Seite 117**, Übung 55: fotolia.de/ Ignatius Wooster • **Seite 121**, Übung 57b: 1 . fotolia.de/ Alena Yakusheva, 2. shutterstock.com/ Elena Talberg, 3. fotolia.de/ thierry burot, 4. shutterstock.com/ Rade Kovac • **Seite 125**, Übung 59: istockphoto.com/ magui80 • **Seite 127**, Übung 60: 1. fotolia.de/ Henlisatho, 2. istockphoto.com/ diego cervo, 3. shutterstock.com/ wavebreakmedia ltd, 4. shutterstock.com/ wavebreakmedia ltd, 5. shutterstock.com/ withGod, 6. fotolia.de/ Dudarev Mikhail • **Seite 129**, Übung 61a: 1. fotolia.de/ gosphotodesign, 2. fotolia.de/ frankoppermann, 3. fotolia.de/ lienkie, 4. fotolia.de/ Sergejs Nescereckis, 5. fotolia.de/ NIkaNOVAK, 6. istockphoto.com/ Kate Tero, 7. fotolia.de/ nomad, 8. shutterstock.com/ silver-john • **Seite 131**, Übung 62b: 1. fotolia.de/ Tatesh, 2. fotolia.de/ liliya kulianionak, 3. fotolia.de/ Anatolii, 4. shutterstock.com/ ILYA AKINSHIN, 5. fotolia.de/ photostile, 6. shutterstock.com/ dusan964, 7. shutterstock.com/ Ziga Camernik, 8. fotolia.de/ Pavel Sazonov • **Seite 133**, Übung 63: istockphoto.com/ Bernhard Richter • **Seite 135**, Übung 64: istockphoto.com/ red_frog • **Seite 145**, Übung 69b: fotolia.de/ 300dpi